Le procès de Valérie Subra

ISABELLE PELLETIER

A demain ou dans 15 ans
Vivre d'aimer
(avec Annie Girardot)
Le procès de Valérie Subra (*Rendez-vous d'enfer*) — J'ai lu 3999/4

Isabelle Pelletier

Rendez-vous d'enfer

Le procès de Valérie Subra,

Laurent Hattab et Jean-Rémy Sarraud

Éditions J'ai lu

PREMIÈRE PARTIE

L'OUVERTURE DU PROCÈS

1

Vendredi 8 janvier 1988. Au palais de justice de Paris, c'est l'affluence des grands jours. A peine oubliées les fêtes de Noël, la nouvelle année commence par un procès retentissant. Pendant des mois, l'affaire du « trio diabolique » a passionné la France. A longueur de colonnes et de flashes télévisés, le public a vécu à l'heure du crime crapuleux. Il vient, aujourd'hui, assister en direct à l'épilogue de ce fait divers.

Les heures qui précèdent un grand procès se déroulent toujours dans un climat de fièvre. Une cohue bourdonnante dont la futilité tranche avec l'atrocité des meurtres qui vont être jugés. Cette fois encore, l'agitation qui secoue le vieil édifice n'échappe pas à la règle.

Dès midi, une foule de curieux encombre le boulevard du Palais. Sur le trottoir, des gardes soupçonneux passent l'assemblée au peigne fin. Présentation des cartes d'identité, fouille des poches et des sacs à main, portique de détection, rien n'est laissé au hasard. La progression est lente, le froid vif. Tête haute et carte de presse en bandoulière, des journalistes doublent la cohorte des pénitents et foncent vers *La Buvette du Palais*.

Ce restaurant en contrebas, qui hésite entre la brasserie et le parking souterrain, est le carrefour obligé de tout ce qui plaide, requiert et juge. Logé au fond de la cour du Mai, il faut descendre une dizaine de marches pour y accéder, ce qui permet aux clients entassés derrière les vitres d'identifier immédiatement les arrivants et, au besoin, de lorgner les jambes des jolies stagiaires.

Certains magistrats condescendent à fréquenter ce lieu où Marie-Antoinette, dit-on, vécut quelque temps dans l'attente de son procès. L'arrivée de ces notables déclenche régulièrement un concert de salutations respectueuses et un mouvement tournant d'échines ployées. Tout en prêtant une oreille distraite aux sollicitations des courtisans, M. le procureur reconnaît ses adversaires d'hier attablés devant une choucroute plus ou moins garnie. Léger signe de tête du juge, courbette discrète de l'avocat qui a du mal à digérer sa condamnation à perpétuité de la veille. Mais, comme disait un pénaliste de renom : « Un clou chasse l'autre », et, qui plus est, c'est le client qui fait les années de prison...

Rien n'a vraiment changé depuis l'époque où Daumier, le célèbre illustrateur, croquait les robes noires et les cols d'hermine. A *La Buvette du Palais*, depuis des lustres, les avocats s'interpellent et se congratulent avant de se poignarder dans le dos. Dans l'ordre des préséances, après les magistrats et le bâtonnier de l'ordre qui recueille, lui aussi, son lot de compliments ampoulés, arrivent les ténors du barreau.

Quelques-uns de ces personnages d'élite s'alimentent, en effet, à *La Buvette* avant de faire leur entrée à la cour d'assises. Ils pénètrent dans la fosse aux lions avec un air détaché, acceptant avec une modestie feinte les félicitations de ceux qui les ont vus, la veille, à la télévision. Souverains, ils vont de table en table sous l'œil admiratif des jeunes avocates qui, pour faire carrière, comptent autant sur leurs charmes que sur leurs qualités oratoires.

Détestés par les civilistes, jalousés par les médiocres, ces êtres d'exception ont forcément une myriade de collaborateurs. En général, les groupies du plaideur ont peu d'occasions d'exercer leur éloquence. Une lourde sacoche à la main, ils courent les cabinets d'instruction et les prisons, mais ils sont les collaborateurs du grand homme, une raison sociale qui les console de bien des humiliations.

L'audience est prévue à 13 h 30. Mariette, la serveuse, qui règne sur *La Buvette* depuis quinze ans, reconnaît Alphonse Boudard. Pour l'occasion, le romancier prête sa plume au *Figaro Magazine*. Comme les autres, il est pressé. Mariette pousse un couple de touristes et l'installe à côté du greffier de la 14e correctionnelle.

– Petit salé aux lentilles, ça vous va ?

Boudard acquiesce et se plonge dans ses notes. Ce spécialiste des affaires criminelles est un passionné. Le procès du « trio diabolique » le fascine, peut-être parce que l'histoire commence comme un roman d'Agatha Christie. Et puis, ce n'est pas tous les jours qu'aux assises une femme tient le devant de la scène. Si l'héroïne était une mégère plus ou moins apprivoisée ou une femme de voyou, l'émotion serait moins forte. Le public, friand de frissons en tout genre, ne ferait pas, comme aujourd'hui, la queue pendant des heures pour tenter d'apercevoir... la beauté du diable.

Car elle est belle, Valérie Subra ! Tous les journaux l'ont écrit. Un hebdomadaire spécialisé dans « le poids des mots et le choc des photos » a même publié son portrait à la une. Et quel portrait ! Pleine page, plein pot, avec un T-shirt mouillé plaqué sur des seins ô combien généreux !

Comment le journaliste a-t-il mis la main sur ce document unique ? C'est son secret, jalousement gardé. De toute façon, peu importe la manière, la France a été édifiée. La meurtrière, car c'est une meurtrière, a une plastique de top model et le reste, lui aussi, ne laisse pas à désirer. Au-dessus du buste généreux, il y a un visage encore nimbé des rondeurs de l'enfance, de longs cheveux noirs qui contrastent avec le teint pâle, comme nacré. Un minois de chatte boudeuse style Béatrice Dalle à laquelle Valérie ressemble étrangement.

Valérie... Un prénom qui glisse comme une coulée de miel. Combien d'hommes ont-ils égrené ces trois syllabes à la saveur sucrée ? Combien sont-ils à se bousculer aux abords de la cour d'assises dans l'espoir de planter leur regard dans ses yeux verts ?

Les femmes aussi sont venues, comme les tricoteuses qui attendaient, leur ouvrage à la main, que le tribunal populaire se décide à trancher quelques têtes. Elles veulent voir la fleur du mal, évaluer sa beauté, jauger ses appas. Elles veulent comprendre comment cette fille-là s'y serait prise pour leur voler leur fils ou leur mari. Oui, comment elle a fait, la Valérie, pour envoyer deux hommes à la mort ? Qu'a-t-elle de plus que les honnêtes femmes ? La réponse à ces questions mérite bien un peu de patience. Encore une heure avant que ne s'ouvrent les portes du sésame.

A l'angle du quai, l'horloge du XVIe siècle – la première horloge publique de Paris – distille les minutes avec une retenue gourmande. A *La Buvette*, le petit salé aux lentilles continue de faire des heureux. Il est vrai que sa saveur n'y est pas pour grand-chose. Dans ce lieu où chacun s'emploie à rattraper un temps irrémédiablement perdu, la rapidité du service passe avant l'art du cuistot. Et qu'y a-t-il de plus rapide que le plat du jour ? C'est ce qu'explique Mariette à un récalcitrant pendant qu'un indécis se permet d'hésiter entre la poire et le fromage. Comme si, un jour pareil, elle avait le temps de pinailler sur les subtilités de la carte. Surtout qu'ils continuent d'arriver en rangs serrés et que, comme elle dit, elle n'a que deux bras.

M. le substitut fait son apparition. Costume de bonne coupe en flanelle grise, chaussures à lacets, décoration à la boutonnière. Il s'enorgueillit de ses excellentes relations avec les avocats. Bruits de chaise, poignées de main compassées...

– Comment allez-vous, cher ami ?

Il va très bien, merci. Il est même en pleine forme, ce qui ravit les membres du barreau. On chuchote en effet qu'en grâce auprès du garde (des Sceaux, évidemment !), M. le substitut est promis à un avancement rapide. Sans mettre en doute son intégrité, qui est forcément foncière, la nouvelle en réjouit plus d'un...

Un groupe d'habitués jouent des coudes pour s'installer. Mme Raymonde, la caissière du *Grand Café*, descend de la haute chaise qui lui sert de perchoir. Cette petite femme brune à l'allure décidée connaît les mœurs de ses clients par cœur. Elle distribue les places d'honneur en fonction des préséances. Comme *La Buvette du Palais*, Mme Raymonde est une institution incontournable.

Les nouveaux arrivants ont faim, eux aussi. Il faut les placer, c'est-à-dire expulser *manu militari* les nonchalants qui rêvassent devant leur café. Il y a aussi la tablée de droite qui traîne en longueur parce que personne ne se décide à prendre l'addition à son compte. « Chaque fois, c'est pareil », maugrée Raymonde avant de lancer ses troupes à l'assaut des nappes maculées. Dans son dos, la porte vitrée s'ouvre une fois de plus. Un souffle d'air froid gicle entre les tables. Les plus lettrés reconnaissent Jean Cau.

Chroniqueur à *Paris-Match*, le journaliste a la réputation de tremper son Mont-Blanc dans l'acide. Ancien secrétaire de Jean-Paul Sartre, auteur de pièces de théâtre et écrivain – il a reçu le prix Goncourt en 1961 –, Jean Cau fait partie de la caste des intouchables. Il écrit ce que bon lui semble, et comme il allie le talent à la férocité, c'est un personnage autant haï que respecté. Conscient de son statut de journaliste d'élite (car ce n'est pas la modestie qui l'étouffe), il ne se déplace que pour les grandes occasions. Sa présence est un signe, et le petit monde judiciaire ne s'y trompe pas. Ce n'est pas tous les jours qu'un procès mobilise le gratin de la presse et de la télévision. Sans compter les photographes qui en ont vu d'autres et qui vont « shooter » Valérie Subra comme ils tireraient le portrait à Caroline de Monaco.

Cette fois, le compte à rebours est vraiment lancé. Dans une petite demi-heure, le président Xavier Versini, suivi de ses deux assesseurs, pénétrera dans le saint des saints : la cour d'assises de Paris. En fait, deux salles sont réservées aux affaires criminelles. Mais un peu comme le beau linge que la maîtresse de maison réserve aux soirs de fête, les gros procès sont jugés aux « Grandes Assises ». Un lieu mythique à la solennité écrasante, tout en dorures.

Dès 13 heures, une vague de fond a vidé la moitié de *La Buvette*. Les audiences correctionnelles commencent à la demie et les magistrats n'aiment guère attendre. Après le rituel du plat de résistance, c'est maintenant la cérémonie des cafés.

Un peu engourdi par les vapeurs du saint-émilion, un vieil avocat de province s'extrait laborieusement de la banquette de moleskine. Il a tout vu, tout écouté et aura beaucoup à raconter quand il rentrera dans son fief, mais auparavant, comme les autres, il tient à participer à l'événement. Il ne sait pas trop au juste où siègent les assises, mais il se garderait bien de poser des questions. Comment oserait-il avouer son ignorance alors que, tout à l'heure, un haut magistrat l'a salué ? C'était sans doute une erreur, mais tout de même... Et puis, demander son chemin comme un égaré, c'est reconnaître qu'il n'est qu'un obscur, un sans-grade qui ne jouera jamais dans la cour d'assises des grands.

Sa robe défraîchie sous le bras, l'avocat suit le croquiste de TF1. Il connaît ses dessins, il les a vus la veille au journal télévisé. Le journaliste a l'habitude, il ne peut pas se tromper. En plus, c'est un homme qui n'aime pas être en retard, le croquiste. Pendant le repas, il l'a entendu se plaindre de l'éclairage et des ombres « portées ». Il lui faut le premier rang pour bien travailler...

Après les éclats du coup de feu, un calme insolite retombe sur *La Buvette*. Le souffle court, l'avocat s'échine à grimper l'escalier en colimaçon. Un escalier calé dans un renfoncement à droite de la caisse avec des marches en bois poli par les ans. Pour le provincial, cette escalade est une première. Seuls les initiés empruntent cette sortie qui les conduit au cœur du Palais. Pour être futile, la satisfaction du vieil homme est réelle. Comment pourrait-on imaginer qu'il ne fait pas partie du sérail ?

L'accalmie a été de courte durée. Un flot ininterrompu d'avocats et de justiciables noircit les couloirs. Les professionnels se croisent, se saluent et repartent, toutes affaires cessantes. Les anonymes errent comme des somnambules, silhouettes grises noyées dans la foule. Une convocation entre les mains, une femme sans âge mendie un renseignement. Bon prince, un avocat saisit la feuille chiffonnée et lui indique la marche à suivre :

– Non, madame, la 23e, c'est au rez-de-chaussée. Vous allez tout droit, vous tournez au coin devant la 10e de la cour, vous suivez le couloir et vous descendez en face de la 14e.

Elle ne comprend pas grand-chose, la dame, mais, enhardie par la courtoisie de son interlocuteur, elle demande :

– Mon fils a été arrêté ce matin. Vous ne savez pas si...

L'avocat ne la laisse pas finir. Un mouvement de la main comme pour chasser une mouche importune et il s'éclipse rapidement. Il veut bien rendre service, mais quand même, faut pas exagérer...

Bruit sec des talons sur les dalles de marbre, confidences partagées à voix basse, sanglots étouffés. Sur un banc, un jeune homme très pâle, le buste rejeté en arrière, ferme les yeux. Une jeune femme, le regard inquiet, lui parle doucement :

– Remettez-vous, monsieur, nous ferons appel...

Que pourrait-elle lui dire d'autre ? Avouer que c'est sa première cause, que la présidente a la dent dure, qu'elle n'a pas su convaincre ? Et puis, l'affaire était mauvaise. Elle veut bien plaider à l'œil, l'apprentie avocate, mais elle ne garantit pas le résultat, la preuve... N'empêche, deux ans sec, c'est cher payé !

Quelques mètres plus loin, un maître du barreau pérore. Eperdu de reconnaissance, son client ne trouve pas les mots : « Un résultat inespéré ! » martèle la robe noire, la satisfaction à fleur de peau. A distance respectueuse, les proches se félicitent. Ils ont fait le bon choix.

Indifférents aux bonheurs et aux peines de la justice au quotidien, des retardataires se pressent vers le vestibule de Harlay. Niché à l'autre bout du Palais, il débouche sur la place Dauphine. A l'extérieur, des lions taillés dans la pierre en surveillent l'accès. Au centre de ce hall immense aux allures de cathédrale, l'inscription « COUR D'ASSISES » est gravée en lettres d'or en haut d'un escalier monumental. Les lourdes portes en bois sculpté ne sont pas encore ouvertes. Coincé entre des barrières métalliques, le public, comme au théâtre, attend les trois coups. La file s'allonge sur plusieurs dizaines de mètres et tous ne rentreront pas. Les premiers sur la liste sont arrivés deux heures en avance, certains ont même emporté leur sandwich. Ils achèvent leur casse-croûte en se dandinant sur place, les membres engourdis par cette longue immobilité. Des resquilleurs essaient de s'infiltrer dans le groupe de tête. Des cris fusent, les gardes interviennent. Un quinquagénaire, rouge de colère, revendique :

– Ma femme est juré !

– Et alors ? réplique une petite grosse qui lui barre le chemin.

– Je suis dans mon droit ! insiste-t-il, indigné.

Sa réplique, pour être pertinente, n'en tombe pas moins à plat. Personne n'a envie de se pousser.

– Je vais me plaindre, menace-t-il.
– C'est ça ! glapit la dame.

Le mari de la juré n'est pas content. Il dépasse la queue et tourne dans la galerie Lamoignon. A quelques mètres, devant une porte vitrée, un policier en uniforme laisse passer, au compte-gouttes, familles et invités. Explications, suppliques, intimidation, rien n'y fait, le représentant de l'ordre reste intraitable. Pas d'autorisation, pas de droit d'entrée. Un peu plus loin peut-être... Nouvelle tentative. Le flic monte sur ses grands chevaux :

– Non, monsieur, n'insistez pas, j'ai des ordres !

Le bloc-notes coincé sous le bras, une batterie de stylos en guise de pochette, un journaliste passe, royal, sous son nez. C'est Jean-Pierre Berthet, le chroniqueur judiciaire de TF1. Le garde l'a reconnu, il s'efface avec un petit sourire. Il lui demanderait bien un autographe, mais les consignes sont strictes : jamais pendant le service.

Résigné, le petit homme comprend qu'il a perdu la partie et retourne à la case départ.

Berthet grimpe les marches quatre à quatre, pousse une première porte, puis une seconde, capitonnée celle-là, et pénètre dans la cour d'assises.

2

Massée devant ses pupitres, la presse judiciaire s'étale... L'habitude démystifie tout, même cette arène tragique qui a connu tant d'affaires illustres. Comme des écoliers indisciplinés, les journalistes rigolent, bavardent ou circulent dans les travées. Ils ne remarquent plus les plafonds à caissons dorés, les grands lustres en cuivre, les boiseries de chêne. Même les pièces à conviction, soigneusement étiquetées dans leur vitrine, les laissent froids.

Si la routine ne banalisait pas le décor, ils seraient intrigués par ce faux aquarium qui abrite les témoins du crime. Des témoins muets, insolites ou effrayants. Des armes blanches, des cordes, des revolvers ou de simples objets sans prétention : un pull troué, un ticket de métro, un chiffon taché de sang. Avec le temps, les couleurs se sont étiolées. Le rouge a viré au brun, mais il imprègne toujours le tissu. Il est là, comme un rappel, symbole du sang versé au mépris des lois ou au nom de la justice.

Face à la presse, béant comme une gueule ouverte, le box de la cour d'assises. Dans une dizaine de minutes, au pied de cette loge, les avocats de la défense viendront s'asseoir. Pour l'instant, seuls quelques collaborateurs font de la figuration.

Les ténors comme les stars savent ménager leur entrée en scène. Il n'y a que les débutants pour occuper la place bien avant le lever de rideau. Les « grands », qui plaident à la chaîne, ne ressentent ni l'angoisse ni le trac. Au même titre que les magistrats, la cour d'assises est leur boutique. Ils la connaissent par cœur, ils ne la voient même plus. Une exception, toutefois : Me Paul Lombard, l'avocat de Laurent Hattab, l'un des complices de Valérie Subra.

Avant chaque procès, chaque plaidoirie, Me Lombard sillonne les couloirs de long en large. Est-ce pour vaincre sa nervosité ou est-ce une coquetterie d'acteur qui, avec le temps, est devenue une véritable manie ? Si encore il arpentait seul... mais il a besoin de compagnie. Confrère, journaliste ou stagiaire alléchante, tout est bon pour l'accompagner dans cette errance qu'il vit comme une montée au Calvaire. Les mains dans les poches, les pans de sa robe battant au vent, il écoute, attentif, le regard vissé au sol. Ecoute-t-il vraiment ? Beaucoup seraient tentés de le croire. Mais ce serait ignorer que Paul Lombard laisse toujours penser à son interlocuteur qu'il lui est indispensable alors qu'il n'a besoin d'aucun.

Cet avocat est un homme de cour. Ses dîners sont courus et cotés, ses relations nombreuses et habilement distribuées. Son domicile brille d'œuvres d'art qui rappellent qu'il fut l'avocat de la dation Picasso. Connu comme le loup blanc, affable et galant, il vous accueille, comme le rat des villes, toujours de fort civile manière. Il plaisante, galèje, amuse la galerie.

Cultivé, Me Lombard émaille ses plaidoiries de noms d'écrivains et de mots d'auteur. La nature ne l'ayant pas doté d'une voix de stentor, il a opté depuis longtemps pour le registre intimiste. Et, d'ailleurs, pourquoi mettrait-il ses cordes vocales en péril alors que le style causerie au coin du feu lui va si bien ?

Quant au physique, il est à l'avenant : distingué, racé, même, avec un profil de médaille.

Mais que vaudrait un portrait de Paul Lombard, si on oubliait de parler de sa chevelure ?... Cette crinière poivre et sel, aux mèches savamment balayées, anachronique et impeccable. Ce défi permanent aux lois de la pesanteur, est sa marque de fabrique. Comme le personnage, cette prouesse capillaire ne passe pas inaperçue.

A peine a-t-il franchi la porte de la cour d'assises que les journalistes se jettent à sa rencontre. Sourires, amabilités d'usage, l'avocat les connaît tous et tutoie la plupart d'entre eux.

Abonné aux grands procès, Me Lombard n'est pas mécontent de mêler son nom, une fois de plus, à une belle affaire. Mais il se méfie. La concurrence est rude et il doit se tailler la part du lion. Il sait le poids de la presse dans une carrière et se garderait bien de brusquer ses représentants. De toute façon, ce n'est pas dans son caractère. Il n'use pas du choc frontal, à la différence de Me Jean-Louis Pelletier, qui le rejoint, comme à son habitude, à grandes enjambées.

Les deux hommes sont de vieilles connaissances. L'un vient de Marseille, l'autre d'Aix-en-Provence. Bien que dix ans les séparent, ils ont été formés à l'école d'Emile Pollak et de Raymond Filippi. Leurs relations sont amicales, et pourtant, à l'heure des débats, tout les oppose...

Jean-Louis Pelletier est aussi célèbre pour ses coups de gueule que pour son efficacité. Redouté et respecté, l'homme est avant tout une nature... Cinquante et un ans, des cheveux noir charbon, un air pas commode et une carrure qui déménage. Sa grande taille est un atout. Il en use (et en abuse) avec un art confirmé quand il toise un témoin qui risque d'être gênant. Au jeu des décibels, là non plus, il ne craint personne. Mais, avec le temps, il a su mettre un bémol à ses rugissements. Aujourd'hui, sa voix est un outil qu'il décline à volonté. Il peut aussi bien murmurer qu'exploser, tout est question d'opportunité. Vieux routier des assises, il connaît toutes les ficelles du métier. Il n'a pas son pareil pour croiser le fer avec un procureur ou pour cuisiner un flic un peu trop zélé. Capable de se faire oublier quand le président se montre bienveillant, il est toutefois à son meilleur dans l'affrontement. Car l'homme est un puncheur qui cherche le K.-O. et se moque de plaire ou de déplaire.

Ce tempérament lui a valu, dans le passé, quelques déboires. En particulier quand, tout frais émoulu de sa Provence natale, il importa dans l'ambiance feutrée des prétoires parisiens ses méthodes radicales. Même si l'âge et l'expérience l'ont rendu plus souple, rien ne l'émoustille autant qu'un président tendancieux ou un avocat général de talent. Sachant qu'il a peu de chances de séduire des magistrats blanchis sous le harnais de la répression, Me Pelletier réserve ses effets pour les jurés. Pour les convaincre, il vise le cœur, surtout le cœur... Il frappe aux endroits sensibles, les force à sourire, à s'émouvoir, à pleurer. Certains lui reprochent de ne pas faire dans la dentelle, de manquer de retenue... Fidèle à son image, il se contrefiche de leurs critiques. Un seul but l'obsède : le résultat, et, pour l'obtenir, il ne ménage ni sa peine ni ses adversaires.

Dès que les journalistes ont appris que Pelletier était l'avocat de Valérie Subra, ils ont été rassurés. Avec lui, pas de danger que l'audience baigne dans la morosité. La lutte sera chaude, les incidents fréquents, ils n'auront aucun mal à remplir leur copie. Surtout qu'en face de Goliath, au banc de la partie civile, il y a Me Francis Szpiner. Un jeunot, dont l'éloquence est aussi grande que sa taille est petite...

Si la nature n'a pas gâté Me Szpiner sur le plan de la stature, elle l'a pourvu d'une voix de baryton. Chaude et timbrée, elle lui permet de pianoter sur tous les registres. Assez grave pour transformer un vol de poules en catastrophe nationale, elle s'égaie quand « Little Big Man » donne dans l'ironie mordante. Car, en plus d'intriguer, il mord, le petit maître, et sans états d'âme. Aujourd'hui, il se retrouve dans un combat de poids lourds et il entend se battre jusqu'au bout. Pas question de jeter l'éponge sous les assauts répétés d'un Pelletier ou d'un Lombard. Szpiner ne leur fera pas de cadeau, la presse et les confrères l'attendent au tournant. Il en rajoutera même, et c'est de bonne guerre. Côté cour et ministère public, rien à craindre. Pour une fois, il est de leur bord. Côté défense, c'est une autre histoire. Sûr que les anciens vont sortir l'artillerie lourde. Il lui faudra compter les points, parer les coups, amenuiser les avantages. Il devra aussi tenir tête à ses pairs, et ce ne sera pas facile. Les avocats des accusés sont de vieux briscards qui jonglent avec la procédure. Il y a bien Me Gambarelli, beaucoup plus jeune et moins aguerri... Mais il serait bien étonnant que les autres le laissent perdre pied. Ils voleront à son secours si le besoin s'en fait sentir.

Depuis des mois, Me Francis Szpiner prépare ce procès. C'est pour lui l'occasion rêvée de révéler ses qualités professionnelles. En plus, il connaissait intimement l'une des victimes. C'était un ami de longue date et, pour défendre sa mémoire, Szpiner est prêt à jouer les Titus. Il oubliera que c'est grâce à son adversaire, en l'occurrence Jean-Louis Pelletier, qu'il a foulé la première fois le sol d'une cour d'assises. Touché par l'enthousiasme du novice, l'aîné l'avait fait plaider à la cour d'assises de Douai.

Mais l'heure n'est plus à la reconnaissance ou à l'attendrissement. Les deux hommes vont lutter à armes égales, et le meilleur l'emportera. La justice y trouvera sûrement son compte...

Lentement, le public a envahi le maigre espace qui lui est attribué. Massés au fond de la salle, derrière les hautes rambardes de bois, les curieux se marchent sur les pieds. S'il n'y avait le garde pour leur ordonner de se taire, ils en viendraient aux mains.

Comme par hasard, les plus grands occupent le devant de la scène. Barrés par ce rempart, les petits se dévissent le cou pour apercevoir les vedettes de l'actualité. Plaquée contre un géant qui frise les deux mètres, une étudiante en droit tente de reconnaître les gloires du barreau. Elle est venue parce qu'elle se destine au pénal. Elle espérait prendre des notes, mais on lui a expliqué que c'était interdit. Elle serre son porte-documents dans les bras. Par terre, il serait tout de suite piétiné.

Cette fois, tous les participants sont en place. Juste devant le public, mais séparés par les rambardes, les témoins sont assis sur les bancs qui leur sont réservés. A leurs côtés, on retrouve pêle-mêle les familles des accusés et des victimes, quelques auteurs en panne d'idées, des avocats en civil et même des magistrats. Le long du mur, des stagiaires s'entassent. Devant, les ténors ont été rejoints par leurs confrères. Ils savent qu'ils jouent les seconds rôles, mais ils participent, et c'est tout ce qui compte...

La greffière, Mme Depuyper, va et vient, les bras chargés de lourds dossiers. Messe basse avec l'huissier. Oui, les vingt-neuf jurés titulaires sont présents. Ils s'alignent au bout du box, intimidés ou hâbleurs, prêts à juger « au nom du peuple français ». Tirés au sort sur les listes électorales, c'est par lettre recommandée qu'ils ont appris leur sélection. Eux qui, hier encore, avalaient les couleuvres du pouvoir se retrouvent en position de force. Bien avant l'audience, le président leur a expliqué le fonctionnement de la machine judiciaire. Il a répondu à leurs questions, les a rassurés, cajolés, bref, il les a pris en main.

Partagés entre la curiosité et la crainte, beaucoup ont pensé se défiler. Un procès, c'est long, ça finit tard et, en plus, ça peut être dangereux. Avec des assassins, on ne sait jamais... Malheureusement, il ne suffit pas à un candidat juré de refuser le bébé pour être privé de corvée. La justice ne rigole pas avec le devoir civique. Pour être exempté, il faut un certificat médical en béton ou arguer d'un cas de force majeure. La fête de l'école de la petite dernière ou la virée dans le Poitou n'étant pas des excuses prioritaires, beaucoup sont là, le glaive dans les reins.

Certains ont sorti les habits du dimanche, d'autres sont en jean et en baskets. Costume aubergine et cravate bariolée, un petit bonhomme étouffe consciencieusement. Son col de chemise est trop serré, ses chaussures trop neuves et la chaleur trop forte. Il manque d'air et s'évente avec sa convocation. Il espère pourtant être « tiré » au sort, histoire de ne pas s'être déplacé pour rien. Sa voisine de droite approuve. Elle vit dans la terreur de la révocation et imagine déjà la tête de ses collègues de bureau si elle rentrait bredouille...

L'avocat général Guilloux s'installe à son tour. Impressionnant, l'accusateur public. Très droit et très digne. Sa robe pourpre dégoulinant d'hermine, il reste planté devant son bureau, le regard hautain.

Commentaires respectueux dans la salle. Les professionnels louchent sur la grosse horloge aux chiffres gothiques. Au banc de la presse, les stylos attendent de fondre sur la page blanche. La première impression étant, dit-on, la bonne, ils cracheront leur encre dans un même jet dès que Valérie Subra fera son apparition.

Comme les reporters, les photographes sont à l'arrêt, le zoom en haleine, l'index rivé sur le déclencheur. Ils vont mitrailler sec.

Assis sur les talons, les cameramen s'empêtrent avec leurs câbles. Girafes insolites, les perches des preneurs de son se balancent au-dessus de la tête des avocats. La cour a donné l'autorisation de filmer, les hommes du 8e art ne vont pas s'en priver...

3

Mouvements confus dans le public. Ultime attente. La petite porte en chêne enclavée au fond du box s'ouvre enfin. Valérie Subra apparaît, le visage caché dans les mains, les poignets entravés par une chaîne.

Les moteurs des Nikon s'emballent, les flashes s'affolent. Une rafale d'éclairs blancs éclabousse le box. Livide, les yeux bouffis, Valérie Subra se cache dans son manteau noir et s'affale sur le banc. Le garde qui la tient en laisse l'oblige à se redresser. Sent-elle le poids de tous ces regards qui la scrutent sans pitié, partagés entre la fascination et la surprise ? Elle subit l'épreuve, les joues noyées de larmes.

Dans l'assistance, après l'excitation de la découverte, c'est la déception. En guise de Mata Hari, la justice livre une collégienne que ne renierait pas le couvent des Oiseaux.

Où est passée la vamp, le simili-top model ? L'emballage est minable, le maquillage absent et les appas en berne. En plus, Valérie Subra pique du nez vers le sol, ce qui limite considérablement l'observation...

Du coup, le public se souvient que la meurtrière n'œuvrait pas en solo. Laurent Hattab, son ex-petit ami, et Jean-Rémy Sarraud, son complice, ont sauvagement assassiné deux hommes. Pour eux, comme pour Valérie Subra, c'est l'heure des comptes.

Repus, les appareils photo ont cessé le feu. Leurs propriétaires, qui ont d'autres chats à fouetter, se replient. L'agence attend déjà les pelloches...

Moins prompts, les cameramen sont toujours en action. Après les accusés, c'est au tour des avocats de se retrouver en première ligne. Rassurés d'être plein cadre, ils font semblant d'ignorer la caméra. Ils compulsent fébrilement leur dossier, se parlent à l'oreille, prennent des mines pénétrées. Une sonnerie stridente interrompt la séance. D'une voix forte, l'huissier hurle :

– La cour !

Comme à l'église, fidèles, curieux et consorts se mettent au garde-à-vous. Battements de portes, froissements d'étoffe. Magistral, le président Versini se dirige vers son fauteuil. Vêtus d'une simple robe noire, ses deux assesseurs, une femme et un homme, lui emboîtent le pas.

Les cameramen, qui n'ont rien perdu de cette entrée solennelle, continuent de filmer. Une dernière prise pour l'avocat général qui se redresse d'un bond, raide comme la justice, et la télé plie bagage.

Le président s'assied avec lenteur, l'assemblée suit le mouvement. Murmures, quintes de toux, chutes d'objets divers et enfin le silence...

– Je déclare la séance criminelle ouverte.

La vague des preneurs d'images s'en est allée. Comme une déferlante, elle a balayé les résistances des accusés qui restent abasourdis, les yeux aveuglés par les flashes.

– Accusés, levez-vous !

Debout, les trois inculpés deviennent plus déchiffrables. Laurent Hattab, cheveux courts et col roulé noir, est le premier de cordée. Beau gosse, il bombe le torse et regarde droit devant lui. Vient ensuite Valérie Subra. Ses longs cheveux sont sagement attachés dans le dos, ses yeux sont rouges et elle plaque un mouchoir sur son visage. A sa gauche, il y a Jean-Rémy Sarraud avec sa bouche édentée, ses mèches raides qui encadrent mal un profil en lame de couteau. Les jurés sont surpris : ils semblent si jeunes...

C'est vrai qu'ils ont à peine plus de vingt ans... Rien à voir avec les chevaux de retour que charrie d'ordinaire la cour d'assises. Le crime ne s'improvisant pas, il ne suffit pas d'avoir la majorité pour être braqueur ou assassin. Pour échafauder un crime, préméditer un meurtre, il faut du métier. En général, la formation professionnelle commence tôt et sur le tas, en principe dans la cité morose d'une banlieue.

Formé à l'école de la rue, l'apprenti voyou se perfectionne sur le pavé. Ramené au domicile familial par la maréchaussée, rossé sans succès par un père plus porté sur la bouteille que sur l'éducation, le futur caïd cherche son salut dans la fuite. Après maints placements dans des centres spécialisés et autant de fugues inopinées, le voleur de bicyclettes décide de passer le grand braquet. Il s'essaie au cambriolage, mais comme sa maladresse est proportionnelle à son inexpérience, il goûte pour la première fois à la prison.

Jusque-là, et malgré des démêlés multiples avec la justice, le jeune loubard n'était qu'une mauvaise graine. Un petit zonard qui roulait des mécaniques pour épater les copains. Il ignorait encore tout du milieu et de ses lois. En taule, il va apprendre. A donner des coups et à en recevoir, à respecter les anciens et à profiter de leurs conseils. Il va surtout se faire des relations, et les relations, c'est utile quand on se retrouve, un beau matin, lâché dans la nature avec un ticket de métro dans la poche et aucune planche de salut à l'horizon. Avec un peu de « chance », après avoir servi de chauffeur à des demi-sel, il sera braqueur. Il deviendra M. Emile ou M. Marcel, connaîtra l'ivresse des pompes en croco et des vacances à Ibiza. C'est alors qu'il s'enquillera dans un coup imparable et échouera pour quinze ans dans les geôles de la République...

Pour réussir ce type de parcours, il faut du temps. Les petits délinquants sont des habitués des correctionnelles, les truands des cours d'assises. Il est rare que les deux genres se mélangent, que des jeunes se retrouvent dans une audience criminelle.

Au moment des faits, Valérie Subra avait dix-huit ans, Hattab dix-neuf et Sarraud vingt et un. Vu l'importance de l'affaire et les lenteurs de l'instruction, ils ont effectué trois ans de détention préventive. Ce délai leur sera décompté, mais ils ne se font pas d'illusions. Quand on est inculpé d'assassinats (ou de complicité d'assassinats) et de vols qualifiés, l'addition est forcément lourde. Leur seul espoir : obtenir les circonstances atténuantes et baisser d'un cran dans l'échelle des peines. Descendre de perpétuité à vingt ans...

D'une voix suave, le président Versini énonce les identités :

– Vous vous appelez Laurent Hattab. Vous êtes né le 19 octobre 1965 à Bondy...

– Exact, répond l'intéressé avec assurance.

– Vous vous appelez Valérie Subra. Vous êtes née le 8 avril 1966 à Paris...

Du bout du doigt, Valérie tapote sur le micro. Le bruit mat se répercute dans la salle d'audience. Rassurée sur son fonctionnement, elle chuchote, telle une lycéenne intimidée :

– Oui, monsieur le président.

– Vous vous appelez Jean-Rémy Sarraud. Vous êtes né le 20 novembre 1963 dans le Val-de-Marne...

– Oui, monsieur le président.

– Asseyez-vous. La cour va procéder au tirage au sort des jurés. Je rappelle que la défense a droit à cinq récusations, M. l'avocat général à quatre.

Pour la xième fois de sa carrière, le président Versini brasse les billes de bois qui s'entrechoquent dans l'urne. Sur chacune d'elles est inscrit un numéro. Il correspond au nom de l'un des vingt-neuf jurés. Les avocats sont en haleine. De cette loterie dépend souvent l'issue d'un procès. Appliqué, le président brasse toujours...

Ce Corse aux manières élégantes est un homme raffiné. De petite taille, il a le regard aussi vif que l'esprit. La mèche brune qui lui balaie le front renforce l'éclat de ses yeux sombres perpétuellement en alerte. Il a l'œil à tout et, dans une audience, rien ne lui échappe.

Le président Xavier Versini est aussi un érudit qui se pique d'écrire. Ses talents d'écrivain lui ont d'ailleurs permis de briller à « Apostrophes », l'émission de Bernard Pivot. Ciselé à son image, son style, très XIXe, est précieux et efficace. Dans l'un de ses ouvrages, il livre ses impressions sur les jurys d'assises... Un véritable brûlot où les garants de la liberté en prennent pour leur grade :

« Moines, vieillards, prix Nobel ou crétins, la loi du 28 juillet 1978 [instituant le tirage au sort des jurés sur les listes électorales] a convié tout le monde au plaisir de juger. Ternes, silencieux, égarés, les jurés vivent leur aventure avec angoisse. » Parmi ces « sélectionnés du métro, affirme le président Versini, on trouve de tout : l'ignorant, le fumiste, le trouillard, l'excité, mais aussi celui qui a tout vu, tout lu, tout entendu, et le gauchiste, coincé, mal à l'aise, ne parlant à personne ».

C'est dire si M. le président se méfie du panel hasardeux que va désigner le sort ! En matière de jurés, ses collègues et lui ont vu défiler le meilleur comme le pire. Du juré analphabète incapable de signer son nom au Perpignanais qui ne parlait que le catalan et qui ne comprenait pas un traître mot de l'audience...

Mais ce que le président Versini supporte le moins, c'est la bêtise. Obnubilé par son appétit pour les beaux esprits, il exècre les abrutis et ne leur trouve pas d'excuses, du moins quand ils sont jurés. Quand le besoin s'en fait sentir, ce mépris pour la piétaille inculte s'exprime par une ironie cinglante et un humour à froid. En dehors de ce goût pour les reparties acerbes, pas d'éclats de voix ou de colère. Le président est connu pour mener à bien les procès les plus difficiles. Il sait naviguer en eau trouble avec un art consommé. Ce procès est pour lui un régal, mais il doit tenir la barre d'une main ferme, sa réputation est en jeu.

Contrairement aux autres parties en présence, le président Xavier Versini n'a pas son mot à dire sur les récusations. C'est aux avocats de la défense et à l'avocat général de trancher dans le vif. Des jurés, ils ne connaissent que le nom, l'âge et la profession, et ils n'ont que quelques secondes pour se faire une opinion.

– Premier juré... Juré numéro vingt-sept.

C'est un retraité à la mine effacée et au maintien modeste. Pas d'excentricités vestimentaires, pas de couleurs criardes. Rien, dans son apparence, ne trahit ses convictions. Incapables de se situer, défense et accusation le laissent passer.

– Vous êtes le premier juré. Vous signerez donc la feuille des questions avec moi...

Le président a prononcé ces mots avec onction. Le retraité ne sait pas, au juste, à quoi il s'engage, mais parapher un parchemin avec un haut magistrat, c'est un honneur, ça, il en est sûr !

De nouveau, le bruit des billes. Les candidats retiennent leur souffle.

– Juré titulaire numéro vingt-trois.

Choucroutée de frais, la poitrine gonflée d'émotion, Mme le numéro vingt-trois se dresse d'un bond. C'est une femme très « comme il faut », un bonheur pour l'accusation. Toute retournée d'être « élue », elle s'empêtre dans son parapluie et fait tomber son sac à main. Rougissante, elle avance enfin sous le feu roulant des regards. Pour ne pas indisposer tous ces gens qui la dévisagent et parce que ses talons claquent sur le plancher, elle marche sur la pointe des pieds. Mme numéro vingt-trois atteint la barre des témoins. Elle fixe un instant l'avocat général et se prépare à contourner la greffière. Une marche, puis une autre. Elle cherche sa place des yeux.

– Récusé.

La sentence tombe comme le couperet de Fouquier-Tinville.

– Vous êtes récusée par la défense, insiste le président.

Elle le sait bien, Mme vingt-trois, elle n'est pas si bête. Demi-tour, droite. Le feu aux joues, elle sourit gauchement et rebrousse chemin. Elle pense : « Tant mieux, j'ai autre chose à faire ! » Mais le cœur n'y est pas. Sa poitrine se soulève d'indignation et la soie du corsage palpite. Pourquoi cet avocat n'a-t-il pas voulu d'elle ? Elle cherche ce qui a pu lui déplaire. Son tailleur, peut-être... Sûrement trop clair, elle aurait dû mettre le gris... A moins que ce ne soit sa profession de fonctionnaire... Pourtant, vingt-cinq ans de bons et loyaux services dans la même administration, c'est une référence ! Vexée, elle cherche, la vingt-trois, mais ne trouve pas. Son rejet est une énigme.

En réalité, elle peut chercher longtemps. Même Me Jean-Louis Pelletier, qui l'a écartée, aurait du mal à motiver sa décision. Ce n'est pas qu'elle ait une sale gueule, un délit qui compte au moment du choix, c'est plutôt qu'elle est « trop »... Trop pomponnée, trop coiffée, trop nette. Son allure de dame patronnesse n'augurait rien de bon. Alors, l'avocat l'a récusée, conscient quand même qu'il risquait de se tromper.

Juger sur la mine est parfois hasardeux. Toutes les raideurs ne sont pas à prendre au pied de la lettre. Il se souvient, Me Pelletier, d'un étudiant en biologie qu'il avait retenu en remerciant le tirage au sort de ses bontés. Décontracté et souriant, le jeune juré avait suivi l'audience avec application. Comme un bienfait ne vient jamais seul, il avait juste vingt-trois ans, l'âge du client. Accusé du meurtre d'un policier, ce dernier risquait gros. La présence de l'étudiant était un réconfort pour l'avocat. Si, sur les neuf jurés, il n'y en avait eu qu'un seul à garder, Me Pelletier aurait juré que c'était celui-là.

Ce n'est qu'après la condamnation à mort que le futur biologiste avait abattu ses cartes. Il n'avait pas caché qu'il avait voté pour la peine capitale, et sans hésiter...

Comme des carnassiers qui se disputeraient une proie, défense et accusation jonglent avec leur droit de récusation. Dépités ou rassurés, les sélectionnés regagnent leurs pénates ou s'installent à la place d'honneur. « Récusé ! », « Récusé ! ». Les condamnations tombent comme à Gravelotte. La lutte est serrée. En accord avec ses confrères, Me Paul Lombard a décidé de privilégier les femmes. Sans doute parce que les accusés sont jeunes et que, l'instinct maternel aidant, elles sont plus faciles à apitoyer. Mais encore faut-il pour cela qu'elles ne soient pas trop âgées...

L'avocat général Guilloux, lui, préfère les hommes. Comme il n'a guère d'illusions sur le genre humain, il est persuadé que, dans le lot des jurés mâles, il y a quelques époux plus ou moins volages. Donner un coup de canif dans le contrat est une chose, se faire trancher la gorge un soir de goguette en est une autre... Rodé au rodéo judiciaire, M. Guilloux compte sur « l'identification ». Ce processus que les psy, dans leur jargon, qualifient de « transfert », ce qui peut se traduire par : « J'aurais pu être à la place de la victime ! »

Si vraiment l'âge canonique du sujet ne permet pas l'assimilation, il ne reste plus qu'à espérer qu'il ait un fils et que le brave homme tremble rétrospectivement pour lui. En attendant, la bagarre entre les parties est féroce. Mais tout a une fin...

Les neuf élus sont maintenant installés. Emus et pénétrés, ils se tiennent raides comme des cierges, attendant de prêter serment. A tour de rôle, la main droite levée bien haut, ils jurent « de ne pas trahir les intérêts de la société », de ne pas écouter « la crainte, la méchanceté, la haine, l'affection ». Ce cérémonial achevé, ils se rasseyent, pas mécontents d'en avoir terminé.

C'est maintenant à la greffière d'entrer en scène. Elle doit lire l'arrêt de renvoi de la chambre d'accusation. Cette appellation barbare est, en fait, le résumé des crimes reprochés aux trois accusés. Mme Depuyper se prépare à l'épreuve. Elle avale précipitamment sa pastille de menthe et se racle discrètement la gorge. Le public retient son souffle.

DEUXIÈME PARTIE

L'INTERROGATOIRE DE LAURENT HATTAB ET DE JEAN-RÉMY SARRAUD

4

– Le 8 décembre 1984, vers 19 heures, le cadavre de M. Gérard Lelaidier, avocat au barreau de Paris, était découvert dans son bureau. L'avocat n'avait plus été revu depuis la veille au soir lors du départ de sa secrétaire et avait manifestement été victime d'une agression. Les bras avaient été liés au niveau des poignets et tendus au-dessus de la tête, les jambes étaient également entravées. L'autopsie mettait en évidence des traces de coups : hématome à l'œil, ecchymoses diverses à la tête et dans la région frontale droite, suborbitaire gauche, nasale pariétale gauche et occipito-pariétale...

Les jurés commencent à se tortiller sur leur siège. Cette énumération morbide sent le formol à plein nez. Tôt ou tard, ils auront droit aux photos d'autopsie. Ceux qui supportent difficilement la vue d'une tête de veau à l'étal du tripier devront rester stoïques. Il leur sera recommandé de remarquer l'état des chairs violacées, l'aspect avarié du cadavre qui gît, nu et livide. Si le crime a été particulièrement atroce, il leur faudra supporter sans broncher la vision de visages mutilés, de membres arrachés. Pour peu que les clichés soient en couleurs, c'est la nausée garantie. Néanmoins, il leur faudra faire front et étudier les photos avec minutie. Certains les examineront avec le sérieux d'un entomologiste penché sur un scarabée, d'autres, au contraire, écœurés et blêmes, expédieront la corvée.

– *L'autopsie a également révélé des blessures par arme blanche : six plaies thoraciques ayant lésé le poumon gauche, l'aorte et le ventricule droit, entraînant une hémorragie mortelle.*

Comme si les photos ne se suffisaient pas à elles-mêmes, il y aura aussi le témoignage du médecin légiste. Un expert qui, d'un ton neutre, communiquera les résultats de sa petite cuisine. Il s'appesantira sur la coupe du foie et le poids des viscères, expliquera comment il a scié la calotte crânienne. Mais chaque chose en son temps. Mme Depuyper, intarissable, continue sa lecture d'une voix monocorde :

– *L'enquête sur les relations de Me Lelaidier faisait apparaître que celui-ci fréquentait assidûment un restaurant,* Les Jardins de La Boétie, *où se rencontraient des jeunes femmes et une certaine clientèle échangiste.*

Léger remous dans le public. Du côté de la presse, on n'entend plus que le crissement des pointes Bic sur le papier. L'énoncé des faits se poursuit avec une précision implacable. Des faits tout nus, tout crus, sans la moindre humanité :

– *Neuf jours après l'assassinat de Me Gérard Lelaidier, le 17 décembre 1984, vers 16 heures, le cadavre de M. Laurent Zarade, responsable d'une société de confection, était découvert dans une pièce, servant de chambre et de bureau, de son appartement. Le corps reposait sur le dos, les pieds et les poignets attachés, et reliés entre eux par une cordelette, le cou fortement enserré par une écharpe. Le décès était la conséquence tant de l'asphyxie par strangulation que de l'hémorragie interne consécutive aux plaies par arme blanche.*

Les familles des victimes serrent les dents. Derrière cette description à la froideur chirurgicale se cache l'histoire tragique d'un être aimé. Là où les jurés ne voient qu'un corps figé dans l'agonie, ils aperçoivent la silhouette d'un fils ou d'un mari. Ils entendent ses cris, imaginent ses souffrances. Le récit est insoutenable, et quelques-uns pleurent sans bruit, la tête enfouie dans l'épaule d'un parent.

– *Aucune trace d'effraction n'était constatée, par contre les meubles avaient été fouillés, tout l'argent ainsi que divers objets, notamment deux montres Piaget et Rolex, une chaîne et une bague Cartier, avaient disparu. L'enquête permettait d'établir que, dans la nuit du 15 au 16 décembre 1984, Zarade s'était trouvé dans un établissement de nuit,* L'Apocalypse, *en compagnie d'une jeune femme. Celle-ci était rapidement identifiée comme étant Valérie Subra, à peine âgée de dix-huit ans. Interpellée le 20 décembre 1984 sur son lieu de travail, au magasin* Jeep, *elle ne tardait pas à passer aux aveux et à reconnaître sa participation aux deux crimes en compagnie de son amant, Laurent Hattab, et d'un ami de celui-ci, Jean-Rémy Sarraud.*

Tous les regards convergent vers Valérie Subra. Seuls ses cheveux noirs sont visibles, le reste de son visage disparaît derrière la rambarde du box. Les épaules courbées, elle se maintient immobile, incapable d'affronter le face-à-face.

– *Il apparaît que tous trois étaient démunis de ressources importantes. Sarraud n'avait aucun emploi stable, quant à Hattab, il ne percevait pas plus de cinq mille francs par mois pour effectuer quelques livraisons pour le compte de l'entreprise paternelle. Hattab avait alors émis l'idée de partir aux Etats-Unis, et ce projet avait séduit tant Sarraud que Subra. Celle-ci avait été introduite par une amie aux* Jardins de La Boétie *où elle rencontrait des hommes à la situation aisée, à la recherche d'aventures féminines.*

Grâce aux articles parus dans la presse avant le procès, les jurés connaissaient les grandes lignes de l'histoire. En écoutant la lecture de l'arrêt de renvoi, ils entrent de plain-pied dans le procès. N'ayant pas le droit de consulter le dossier, ils doivent se raccrocher à la sacro-sainte oralité des débats pour se forger une conviction.

L'un après l'autre, témoins de la défense et de l'accusation vont se succéder à la barre. Il y aura, entre autres, les policiers qui ont mené l'enquête, les amis des accusés, les familles des victimes et même les voisins de palier. Leurs déclarations seront forcément contradictoires, comme celles des experts, sujettes à caution. Les débats révéleront des invraisemblances.

Il n'y a pas de procès d'assises sans zones d'ombre. A un moment ou à un autre, un grain de sable inattendu vient fausser le mécanisme bien huilé de la démonstration. C'est un impact de balle qui ne colle pas avec la position du tireur, une empreinte de chaussure qui ne correspond pas à la pointure de l'assassin.

Pour l'avocat, ces contradictions sont une manne. Alors qu'il se battait les flancs pour plaider l'innocence d'un client totalement indéfendable, il s'engouffre dans la brèche en criant à l'erreur judiciaire. Curieusement, dans un pays où l'esprit cartésien est la référence absolue, les jurés s'asseyent sur ce genre de détails. Ce n'est pas qu'ils soient idiots. Pratiques, ils se posent des questions. Un homme qui se suicide d'une balle dans la nuque, ça les interpelle quand même quelque part. Un voyou accusé de braquage et qui a un alibi en béton, ça dérange... Mais bon, pas au point d'acquitter. Ils doutent, pourtant. Par essence, le juré français aime comprendre. Pour lui, même l'incompréhensible a une explication. Pendant les délibérés, il s'interroge, esquisse des croquis, échafaude des thèses. Quand ses démonstrations s'effondrent comme un château de cartes, il est déçu. Mal à l'aise, il avoue son impuissance et cette énigme chatouille sa bonne conscience. Mais le sentiment a des raisons que la logique ignore. Quand l'explication des phénomènes reste en rade, l'intime conviction prend le relais. L'avantage, avec l'intime conviction, c'est qu'elle ne se dissèque pas comme une équation. Quand les preuves sont chancelantes et les aveux timides, quand le doute creuse ses galeries dans les esprits, l'affectif reprend le dessus. A défaut de saisir le pourquoi et le comment des choses, le juré sait très bien ce qu'il a ressenti pendant l'audience. Quand il constate les limites de ses méninges, il se rabat sur son instinct. Logé dans son cerveau reptilien, ce flair venu du fond des âges émerge du paléolithique pour lui indiquer le bon choix.

Sur quelles impressions un juré forge-t-il son intime conviction ? Sur les remords de l'accusé ou le talent de l'accusateur ? Sur la déposition anodine d'une femme de ménage ou sur la plaidoirie enflammée de l'avocat ? N'ayant pas à se justifier, puisque la loi « ne lui demande pas compte des moyens par lesquels il a été convaincu », nul ne saura jamais quel élément a pesé dans le plateau de la balance.

Cette épée de Damoclès invite les professionnels à la vigilance. Même la lecture d'un arrêt de renvoi vaut son pesant de bons et de mauvais points. Cette version glacée des faits résonne toujours comme un glas pour la défense. Sortis de leur contexte, exempts de toute émotion, les crimes deviennent des actes gratuits dont l'évocation donne la chair de poule.

– Sandrine Mimoun, une amie des trois inculpés, a indiqué que Laurent Hattab ainsi que ses camarades avaient besoin d'un milliard d'anciens francs pour s'installer aux Etats-Unis. Il lui avait fait connaître son plan pour se procurer de l'argent et avait

souhaité l'associer à l'entreprise. Elle-même avait assisté à des réunions entre les inculpés au cours desquelles était mis au point le « scénario » des agressions et où il avait été finalement reconnu que le moyen le plus efficace pour ne pas être découvert était de supprimer les victimes.

Murmures outrés. Chacun se demande comment un plan aussi machiavélique a pu germer dans des esprits aussi jeunes. Conscients d'être la cible de tous les regards, les trois accusés fixent la pointe de leurs chaussures.

Pendant que le public s'indigne, l'avocat général Guilloux fourbit ses armes. La déclaration de la petite Sandrine vaut son pesant d'années de réclusion... Décider de trucider la victime pour l'empêcher de parler, c'est ce qu'il y a de mieux en matière de préméditation. Et pas une préméditation flageolante qui tient avec des bouts de ficelle. Celle qui enserre Valérie et les deux autres colle comme de la poix. Rien ne manque pour la caractériser.

Dans un premier temps, il y a la « réunion » et l'élaboration du « scénario ». Au niveau des actes préparatoires, l'affaire est déjà dans le sac. Et puis, la volonté arrêtée d'éliminer tous ceux qui risqueraient de parler, ce qui signe la préméditation. Que demander de plus quand on est un avocat général de talent ?

Car M. Guilloux a du talent, et à revendre. Il a aussi un physique dont il se sert avec un art consommé. Grand et sec, il porte avec majesté robe écarlate et hermine. Le visage est long, le nez mince et les yeux d'un bleu perçant. Seule la bouche aux lèvres épaisses met un peu de rondeur dans cette rigidité. Ses mains, fines et blanches, lui servent à tout propos. Aussi bien pour feuilleter nerveusement les pages de son dossier que pour désigner d'un doigt accusateur la pécheresse prostrée sur le banc d'infamie.

Plus proche du prêtre de l'Inquisition que du

moine paillard, M. Guilloux est une terreur. Pour les accusés, tout d'abord, qui le redoutent comme la peste, pour les avocats, ensuite, qui ont peu de chances de l'impressionner. Car l'homme est un terrible bretteur. Hautain et ironique quand il n'est pas féroce, il enfonce le clou de l'accusation sans états d'âme. Les larmes des assassins le laissent de marbre. Il ne croit pas plus à la sincérité de ce filet d'eau chaude qu'aux manifestations de regrets. Cette apparente insensibilité lui permet de pilonner sans scrupule. Il harangue, singe, méprise à la demande. Il s'énerve aussi, et sans retenue. Dans l'affrontement verbal, sa voix puissante ne concède pas une octave, elle devient seulement plus gouailleuse.

Dans le procès qui commence aujourd'hui, M. Guilloux s'ébat comme un poisson dans l'eau. L'histoire est juteuse, l'accusée gironde et, comme un bonheur ne vient jamais seul, il a affaire à forte partie.

Se frotter aux ténors du barreau n'est pas pour lui déplaire. Comment être à son meilleur quand un baveux de service tremble de contrarier la cour et bégaie quelques mots d'excuse à la barre ? Pour déployer des trésors d'éloquence, il faut se colleter avec l'adversité, sortir de ses gonds, se battre pied à pied. D'instinct autant que d'expérience, l'avocat général s'attend à une belle empoignade et, loin de la craindre, il l'espère, afin de donner la pleine mesure de son talent.

– *On retiendra que les inculpés ont envisagé d'autres agressions contre des personnes fréquentant* Les Jardins de La Boétie, *dont l'animateur du restaurant. Il a été relancé à diverses reprises par Valérie Subra, laquelle, ayant manifesté une nuit l'intention de venir chez lui, s'était dite « au regret » de ne pouvoir le faire quand elle avait appris qu'il se trouvait avec des amis. Les inculpés n'ont pas contesté la réalité de ces projets d'agressions avortés.*

Mme Depuyper vient de terminer sa lecture. Eprouvée comme un coureur après un marathon, elle rassemble ses feuilles et reprend sa respiration. Après quelques chutes d'objets divers, quelques bâillements et autres bruissements confus, le président Versini se penche sur les curriculum vitæ des accusés.

A l'appel de son nom, Laurent Hattab se lève sans mollesse et empoigne le micro. Le président Versini ne lui laisse pas le temps de souffler :

– Vous vous appelez Laurent Hattab. Vous êtes né le 19 octobre 1965 à Bondy du concubinage de vos parents...

M. Versini marque une pause. Il laisse la phrase en suspens et savoure son effet. Le président est trop fin pour ne pas sentir à quel point le mot « concubinage » est péjoratif. Cette juxtaposition de syllabes ordurières est forcément vécue comme une injure par les intéressés. Même si le terme est légalement exact, il traduit mal l'amour. Du coup, il devient choquant, quasiment insupportable.

– Donc, insiste le président, vous êtes né du concubinage de vos parents... (dernière et ultime pause) qui ont régularisé peu après.

Assis à quelques mètres, Nicole et Armand Hattab, les parents de Laurent, écoutent en silence. En entendant évoquer l'histoire de son fils, le père revit son itinéraire d'enfant pas gâté.

Né en 1945, il a dix ans quand son propre père, alors fabricant de nougat à Tunis, est tué pendant les événements qui précèdent l'indépendance du pays. En apprenant sa mort, la mère d'Armand Hattab devient folle de chagrin. C'est lui qui veillera désormais sur ses trois frères et ses trois sœurs.

Réfugié en France avec sa famille, et après un séjour temporaire à l'Assistance publique, Armand Hattab court les petits boulots pour entretenir les siens. Elevé à la dure, il est prêt à tout pour s'en sortir. A l'époque, les Halles sont encore le ventre de Paris. Chaque nuit, une faune bigarrée grouille dans le quartier. Sous les pavillons Baltard, la bouffe s'entasse jusqu'à l'écœurement : carcasses de bœufs pendues par centaines à des crocs de boucher, têtes de mouton débordant des paniers, abats sanguinolents jetés à même le sol. A la Marée, coquillages et crustacés s'amoncellent sous une lumière blafarde. Pêchés quelques heures auparavant, des poissons énormes luttent encore, maculant le bitume d'une glaire épaisse et puante. Aux Fruits et Légumes, où travaille Armand, des montagnes de primeurs exhalent une odeur douceâtre. A l'extérieur, les étals de fleurs alignent leurs Baccara dans un vacarme confus : chocs sourds des diables qui butent sur les pavés disjoints, appels des marchands, cris des clochards qui se disputent un litron de rouge, voix rauque des putes qui racolent le client. Ce gigantesque marché nocturne qui agite le cœur de Paris jusqu'à l'aube est une aubaine pour les sans-emploi. Payés à la nuit, ils chargent et déchargent les camions jusqu'à l'épuisement.

Armand Hattab fait partie de la communauté des « forts des Halles ». Taillé dans la masse, cet homme à la carrure impressionnante ne ménage pas sa peine. Il y a quelques mois, il a rencontré Nicole, une grande jeune femme, belle et blonde. Comme son « beau-père » n'apprécie guère leurs relations, ils vivent chez la mère d'Armand, à Bobigny.

– On était une dizaine dans deux pièces, se souvient le père de Laurent. C'était une H.L.M. neuve mais déjà pourrie. Les poutres étaient mangées par la vermine, les punaises couraient partout. Ma femme travaillait le jour comme sténodactylo, moi la nuit. On se croisait. Dans les pires moments, elle allait ramasser les légumes à moitié pourris sur les marchés. On enlevait la partie avariée et on mangeait le reste. Et puis Laurent est né. Vu nos conditions de vie, on a préféré le mettre chez la mère de Nicole, qui habitait non loin de chez nous, à Bobigny.

L'époque des vaches maigres va s'étaler sur plusieurs années. Le couple Hattab ayant réussi à trouver un studio au sixième étage, Nicole reprend son fils. Il a alors quatre ans. La nuit, Armand continue d'acheter aux Halles les fruits et les légumes qu'il revend au petit matin sur les marchés. Rarement à la maison, il veille pourtant avec un soin jaloux sur Laurent :

– La vie que j'ai menée m'a endurci et j'ai pris très au sérieux l'éducation de mon fils. Nos revenus étaient modestes, mais je ne crois pas qu'il en ait souffert. C'était un petit garçon équilibré, gentil et poli. J'ai été sévère, mais je ne me suis jamais montré violent. En dix-neuf ans, je ne l'ai giflé que deux fois, dont une parce qu'il avait distribué notre collection de médailles en argent à ses copains d'école...

Car la famille Hattab a désormais les moyens d'investir dans la monnaie d'art. Ce n'est pas qu'elle roule sur l'or, mais grâce au père qui se saigne aux quatre veines, elle s'enrichit peu à peu. D'abord d'un second fils, Cyril, et puis d'un petit capital qui permet à M. Hattab de se lancer dans le prêt-à-porter. Au fur et à mesure que le couple grimpe dans l'échelle sociale, les conditions de logement s'améliorent. Elles culminent avec l'acquisition d'un hôtel particulier de deux étages avec jardin, à Saint-Mandé. Armand Hattab est fier de ses fils et il revendique d'être craint et respecté par sa progéniture. Encore aujourd'hui, il affirme :

– Laurent était un garçon généreux et irréprochable. Jamais agressif ou violent, il était le contraire d'un enfant gâté.

Membres de la famille et amis sont d'accord. Même la boulangère de Saint-Mandé y va de son couplet de louanges :

– Il était vraiment charmant. Il achetait souvent des articles coûteux, des gâteaux, du champagne...

Comme il manifeste un goût très modéré pour les études, Laurent quitte, à seize ans, le lycée d'enseignement commercial. Cet abandon sans espoir de retour n'est pas vécu comme une catastrophe nationale par le père Hattab :

– Mon fils avait peu d'intérêt pour l'école. Je n'ai pas cherché à l'influencer à cet égard. Mais je l'ai peut-être fait malgré moi : je lui ai souvent raconté ma vie et je crois qu'il m'admirait beaucoup.

Nicole Hattab confirme :

– Face à mon mari, Laurent s'est toujours montré obéissant et soumis. Il craignait son père, homme habitué à commander et qui dégage une impression de force et d'autorité. Jamais il ne s'est opposé à lui...

L'absence de diplômes n'a pas empêché Armand Hattab de réussir. Il ne voit pas pourquoi son garçon n'emprunterait pas le même chemin. Il accepte d'embaucher Laurent dans sa société. Fidèle à son éthique, il décide que son fils commencera au bas de l'échelle. Laurent devient aide-vendeur. Tout en apprenant les techniques de fabrication, il balaie les locaux et range les rayons. Simple employé, il est payé trois mille trois cents francs par mois. Même en 1983, ce salaire n'a rien d'un pactole. Toutefois, bien loin de galérer, Laurent baigne dans l'opulence. En contradiction avec ses principes, le père ne supporte pas que son fils soit dans le besoin. Il lui donne l'argent sans compter, achète même une affaire de sweat-shirts pour lui mettre le pied à l'étrier. A dix-huit ans, Laurent devient actionnaire et gérant. Son salaire est désormais de treize mille francs par mois. Il roule en Alfa Romeo Sprint (un cadeau de la famille) et claque son argent dans les boîtes à la mode.

Cette voiture de sport est un os en travers du gosier du président Versini. Le magistrat, qui connaît son monde et ses jurés, s'attarde lourdement sur la description du bolide.

Une si jolie voiture pour un garçon si jeune, est-ce bien raisonnable ? En plus, au prix où est l'essence, n'était-ce pas une folie ? C'est vrai que l'accusé a contribué au paiement avec ses économies... Mais a-t-il dû épargner sou par sou pour s'offrir une telle merveille ? Et puis, ces économies, d'où provenaient-elles, sinon des largesses généreusement dispensées par sa famille ? Car il était alors, comme l'affirme le président, un fils à papa « cousu d'or »...

Laurent Hattab est coincé. Que peut-il répondre ? Qu'il était un chic type toujours prêt, comme l'enquête l'a démontré, à dépanner les copains ? Aussitôt, les esprits chagrins répondront que ce n'est pas difficile quand on a une bourse bien garnie, et que, de toute façon, c'était le paternel qui régalait... Mais loin de baisser les bras, l'accusé revendique et campe sur ses positions :

– J'ai toujours été un gentil garçon. J'ai toujours été généreux. C'est dans ma nature...

Chuchotements des journalistes, sourire en coin de l'avocat général. Le « gentil » garçon a quand même fait la peau à deux hommes très gentils, eux aussi...

La gaffe est proportionnelle à la jeunesse de l'accusé mais, en cour d'assises, la stupidité n'est pas une circonstance atténuante. Cette bourde énorme est un pavé dans la mare de la défense. Dans le registre de l'indulgence, Me Paul Lombard, l'avocat de Laurent, ne peut même pas se replier sur l'enfance malheureuse. Pourtant, cette tarte à la crème brandie avec des trémolos dans la voix émeut encore. A condition, évidemment, que les faits reprochés ne soient pas trop graves. Si le péché est véniel, les jurés reconnaissent que l'accusé n'est pas totalement responsable. C'est avec facilité qu'ils admettent que naître dans un taudis n'est pas le plus sûr moyen d'entrer à l'E.N.A... En revanche, si le crime est monstrueux, le père alcoolique ou la mère prostituée deviennent des éléments à charge.

L'accusé est dangereux et, en plus, taré de naissance, donc irrécupérable...

Mais à force d'exploiter la mine de l'enfance malheureuse, le filon s'épuise. Il est de plus en plus délicat de faire pleurer Margot sur le « pauv' gosse qu'avait pas de papa et qu'avait pas de maman ».

Beaucoup moins controversée, l'enfance dorée demeure la reine des circonstances aggravantes. Pour les jurés, toujours logiques, il vaut mieux être riche et en bonne santé que pauvre et malade. Partant de là, un gamin qui naît avec une petite cuillère en argent dans la bouche n'a aucune mauvaise raison de mal tourner. Au pays du R.M.I. et du chômage, il est très mal vu d'assassiner un rentier quand on est fils de bourgeois.

La jeunesse de Laurent Hattab est une agression. Pour les jurés, qui ne sortent pas tous de beaux quartiers, pour les magistrats qui, même en fin de carrière, ne roulent pas sur l'or et pour le bon peuple, en général, qui n'aime pas les gosses de riches. Nul ne songerait à contester la fortune du père Hattab qui s'est forgé un empire à la force du poignet. Sa réussite était un exemple à suivre. Loin de se conformer à ce modèle, le fils est sorti du droit chemin et a ruiné les espoirs de ses parents. Il n'en est que plus condamnable.

Ainsi raisonne le juré moyen. Laurent Hattab n'imagine sans doute pas à quel point le récit de son enfance indispose les auditeurs. Si, encore, il était borgne ou bancal... Même sa jolie petite gueule à la Herbert Léonard ne plaide pas en sa faveur. Jeune, beau et riche, ça fait beaucoup pour un juré normalement constitué...

5

Au temps de sa splendeur, Laurent filait le parfait amour avec Sophie Nedjar, une ravissante brune aux cheveux frisés et aux yeux rieurs. Comme la jeune fille avait des principes, elle a attendu mars 1984 pour devenir sa maîtresse.

– Nous étions très amoureux, avoue-t-elle. Je crois que Laurent aimait pour la première fois. Ses parents, qui ne lui avaient pas connu de relations durables, ont pu me considérer comme sa fiancée.

Tout baigne donc, à l'époque, pour les deux tourtereaux qui vivent comme tous les jeunes de leur âge ou presque... le couple n'a pas besoin de racler les fonds de tiroir pour se payer un ciné. Et Sophie d'affirmer :

– Laurent était un garçon doux, tendre, prévenant, incroyablement généreux.

Toujours prodigue, il dépense sans compter. En particulier pour son copain Pascal et sa petite amie, Valérie Subra. Night-clubs sur les Champs, week-ends à Deauville, tennis, fringues... Mais la roche Tarpéienne est proche du Capitole...

En janvier 1984, les locaux de la société Hattab père sont la proie des flammes. Quant à l'affaire du fils, le *Tee-for-two*, elle périclite. Cinq mois après un départ en fanfare, Laurent est obligé de mettre la clé sous le paillasson.

Autre coup dur : M. Hattab est poursuivi, à tort, pour abus de biens sociaux et incarcéré injustement, pendant deux mois, en juin et juillet 1984. Aussi bien sur le plan financier que moral, cette détention est une catastrophe pour la famille. Laurent le Magnifique doit s'accommoder d'un salaire de deux mille cinq cents francs par mois, autant dire une misère... Comme il a désormais la bride sur le cou, ses relations laissent à désirer.

Son nouvel ami, Jean-Rémy Sarraud, est ce que les jeunes, dans leur langage imagé, appellent « une tache ». Un zonard à l'allure destroy, mal dans sa peau et édenté.

Pour les parents Hattab, l'amitié qui unit leur fils à Jean-Rémy Sarraud est une énigme. Ils savent que Laurent aime jouer les saint-bernard mais, quand même, il y a des limites... Comment peut-il supporter cette pauvre cloche sans domicile fixe ni travail ? Pourquoi lui prête-t-il son Alfa et ses Weston ? Car il l'habille de pied en cap, et avec sa propre garde-robe. Non contents d'accepter cette épave sous leur toit, les Hattab doivent supporter que Jean-Rémy mouille leur literie. A deux reprises, il a dissimulé maladroitement les draps souillés dans leur corbeille à linge...

Encore aujourd'hui, crucifiés sur leur banc, le père et la mère s'interrogent... Auraient-ils dû virer ce parasite qui s'incrustait chaque jour un peu plus dans la vie de Laurent ? Ils sont persuadés que c'est ce dégénéré qui, avec l'aide de Valérie Subra, a entraîné leur fils sur le chemin du crime. Laurent était si tendre, si peu agressif...

– J'ai toujours essayé d'éviter à Laurent les ennuis pouvant survenir à un jeune homme, assure M. Hattab. Je l'ai menacé, alerté, prévenu que s'il sortait du droit chemin, je serais le premier à le châtier. Il ne fumait pas en ma présence, ne buvait pas d'alcool et ne se droguait pas. Je lui avais enseigné à ne pas se mêler des différends et à n'intervenir que dans des situations où des faibles étaient menacés.

Armand Hattab ne se contentait pas de donner des conseils, il joignait le geste à la parole et surveillait lui-même son fils :

– Je suis allé jusqu'à me rendre à son insu au *Martin's*, une discothèque qu'il fréquentait, afin de vérifier comment il se comportait. Jamais il ne m'a déçu. J'étais un père envié, fier de son garçon.

Malgré les digues qu'ils ont érigées pied à pied pour excuser leur enfant, les parents Hattab butent toujours sur la même interrogation : pourquoi Laurent a-t-il commis une telle monstruosité ?

Alors qu'il n'avait reçu aucune éducation religieuse, c'est lui qui, à seize ans, a décidé de devenir pratiquant. Il a même tenu à se faire circoncire dans une clinique de la région parisienne. Et pour aboutir à quoi ? A la mort de deux hommes dont un Juif, un frère de race et de religion.

Inlassablement, M. et Mme Hattab remâchent cet épouvantable gâchis. Ils ne comprennent pas comment leur fils a pu basculer. Alors, après avoir énuméré la liste de tous ceux qui ont pu influencer leur progéniture, comme tous les parents de criminels qui se sentent concernés, ils se culpabilisent à leur tour. A quel moment ont-ils failli ? Ont-ils été trop sévères, trop permissifs ? Pourquoi ce gosse, qui était leur fierté, n'a-t-il pas résisté au chant des sirènes, alors que d'autres, tant d'autres, issus de milieux défavorisés, de parents divorcés, s'en sont sortis ? Et de passer en revue les mille et un détails de la vie de Laurent, de fouiller dans sa petite enfance, de faire le compte de ses fréquentations. De se souvenir de ses dix-huit ans fêtés au *Lido* avec cinquante invités... Fallait-il être plus dur ? L'élever dans le besoin et la peine au lieu de lui servir le luxe sur un plateau ?

Qui peut répondre à de telles questions ? Même les psychiatres pataugent dès qu'ils abordent le problème du passage à l'acte. Beaucoup plus à l'aise avec les complexes et les lapsus, ils expliquent aux jurés, sans trop de difficultés, pourquoi ils perdent toujours leurs clés ou pourquoi ils disent au revoir à leur belle-mère au lieu de lui dire bonjour... Ils leur racontent aussi que nous sommes tous soumis à des forces contradictoires et ils leur donnent même un nom : le vilain maelström qui agite nos bas instincts, c'est le « ça ». La palette des interdits en tout genre, c'est le « surmoi ». Evidemment, entre les deux, c'est une lutte au couteau... Exemple : le moutard vorace qui lorgne sur sa cinquième canette de Coca de la journée sait très bien que sa mère lui a défendu de se gorger du fameux breuvage. Partagé entre la gourmandise qui le dévore et la peur du coup de pied au cul, il hésite, et c'est normal. Sa décision dépend de cette balance entre la puissance du désir et l'interdit. Elle appartient au domaine du « moi », variable selon les individus, plus ou moins structuré suivant l'éducation reçue, la force des instincts, le sens moral.

Conclusion : si le gamin résiste à son envie, tous les espoirs sont permis. S'il avale la potion magique, il passe à l'acte. Et c'est là que le problème commence : pourquoi n'a-t-il pas intégré l'interdiction ?

Même si le cas de Laurent Hattab relève d'un registre autrement plus tragique, la question se pose de la même façon. Pourquoi a-t-il bravé les règles religieuses, sociales, familiales ? *A posteriori*, il est facile pour les psychiatres d'exposer que l'image paternelle, trop forte, trop omniprésente, a poussé le jeune homme à la rébellion et à la transgression des lois. A la limite, il n'est pas nécessaire d'entreprendre des études longues et coûteuses pour parvenir à cette conclusion. Tout individu doué de bon sens peut arriver au même résultat. Ce qu'il faudrait que les hommes de l'art nous révèlent, c'est pourquoi Laurent est passé de l'autre côté du miroir. Car il y a loin du fantasme à sa réalisation. Aimer l'argent et les plaisirs qu'il procure n'a rien d'immoral. Assassiner un bourgeois pour le voler est une autre histoire.

Laurent Hattab a violé la loi pour s'enrichir. Il n'a pas su, pas pu, pas voulu s'arrêter au seuil de l'illégalité. Pourquoi a-t-il failli ? En l'état, aucune science ne peut aujourd'hui fournir une réponse cohérente et ce ne sont pas ses parents, empêtrés dans les rets de leur amour, qui risquent de trouver la solution.

A défaut de leur offrir une explication, la psychanalyse et ses doctes représentants ne se gênent pas pour culpabiliser les familles à outrance. A une mère qui demandait au célèbre Docteur Freud : « Que puis-je faire pour bien élever mon enfant ? », le médecin viennois rétorqua : « Madame, quoi que vous fassiez, ce sera mal... »

A force de le répéter, nous savons tous que « nous sommes malades de notre enfance ». Sans être férus en la matière, les parents de Laurent Hattab ont évidemment glané quelques informations sur le sujet. Ils sentent bien, quelque part, que le procès de leur fils est aussi le leur, et c'est pourquoi ils restent prostrés sur leur banc, anéantis.

Bien loin de ces préoccupations métaphysiques, l'avocat général Guilloux, qui n'en a cure ou fait semblant, enfonce le clou :

– Quand vous ne gagniez plus que deux mille cinq cents francs par mois, vous avez bien été obligé de restreindre votre train de vie...

Laurent Hattab, qui renifle la question piège, coupe brutalement :

– Ce n'est pas parce que j'avais un salaire de deux mille cinq cents francs que j'allais tuer tout le monde...

– Ce n'est pas ce que l'avenir a démontré ! lance Guilloux, hors de lui, avant de demander, brusquement calmé : Donc, quand le pactole a diminué, vous avez été obligé de mendier. Vous demandiez l'aumône à votre famille...

Incorrigible, Laurent Hattab réplique, naïf :

– J'étais le chouchou...

L'interrogatoire se poursuit, cahotique. Au lieu de laisser passer l'averse, Hattab joue les Gribouille et s'expose, à chaque réponse, aux reparties cinglantes de l'avocat général. Accusé d'un double assassinat, il se dépeint comme une victime, dénonce les violences policières :

– Les assassinats, je ne les ai pas commis et je le prouverai. Pourtant, on m'a donné des coups, des claques et des gifles !

– Quelle différence faites-vous entre une claque et une gifle ? demande Guilloux avec malice.

Entêté, Hattab affirme :

– Une claque c'est une claque ; une gifle c'est une gifle !

Sourires entendus des parties en présence. Me Paul Lombard, le nez dans son dossier, griffonne nerveusement quelques notes. Apparemment impassible, il tremble chaque fois que Hattab prend la parole.

– Avez-vous quelque chose à ajouter ? susurre le président.

– Ce que j'ai fait est crapuleux. Je ne peux pas exprimer tous les regrets que j'ai, mais depuis que je suis en prison, j'ai beaucoup changé. Si j'avais été un peu plus mûr...

Le président Versini ne résiste pas au plaisir d'ironiser :

– La prison a du bon. C'est cela que vous voulez dire ?

Me Lombard lève les yeux au ciel. Si sa bonne éducation le lui permettait, il soulignerait combien il est facile de faire de l'esprit sur le dos d'un garçon qui n'a pas les armes intellectuelles pour se défendre. Mais, prudent, il préfère se taire et rester dans les bonnes grâces de la cour. C'est maintenant au tour de Sarraud de passer sur la sellette...

6

Fines lunettes à monture dorée, mais rugueuse chemise à carreaux blancs et noirs, Jean-Rémy Sarraud déplie son mètre quatre-vingt-cinq. Les cheveux châtains et raides encadrent des traits taillés à coups de serpe. Les épaules sont carrées, la stature impressionnante.

– Vous vous appelez Jean-Rémy Sarraud. Vous êtes né le 20 novembre 1963 à Saint-Maurice, dans le Val-de-Marne...

Sarraud acquiesce. Il ne risque pas, comme les deux autres accusés, de rechercher un quelconque réconfort dans la salle. Pas de regard complice ou de signe de connivence. Aucun membre de sa famille n'est présent. Délaissé par les siens, il n'y a que son avocat, Me Gambarelli, pour s'intéresser à son cas. Et quel cas ! Son enfance, d'abord, noir charbon. Un parcours que l'on croirait tiré d'un roman d'Eugène Sue, d'un de ces feuilletons à l'eau de rose qui n'ont d'autre intérêt que de faire pleurer les Ginette, le soir, après le turbin.

Pendant longtemps, le petit Jean-Rémy a cru dur comme fer qu'il avait été abandonné à la naissance dans un Caddie. C'est même ce qu'il racontait à qui voulait l'entendre, et en particulier aux parents de Laurent Hattab, partagés entre la pitié et la répulsion. Pour corser un peu l'anecdote, Sarraud ajoutait que la scène s'était déroulée sur le parking d'un Prisunic, ce qui ne changeait rien à l'affaire, mais ajoutait encore dans le registre sordide. La vérité, pour être moins pittoresque, n'en est pas moins pitoyable.

Jean-Rémy est le produit d'une aventure entre une serveuse de bar et un chauffeur-livreur. Pour sa mère, qui n'a aucune envie de régulariser la situation, la venue au monde de ce nourrisson braillard est une calamité. Bien qu'ayant refusé de le reconnaître, elle tient le coup une année avant de disparaître sans laisser d'adresse. Pris à la gorge, Robert Sarraud, le père de Jean-Rémy, reste seul pour s'occuper du bébé. Débordé par la valse incessante des biberons, il place le petit chez une nourrice.

Au sujet de cette « dame » qui garda l'enfant pendant deux ans, il n'existe pas de renseignements. Fut-elle pour lui une seconde maman ou l'une de ces femmes qui s'entourent de marmaille pour arrondir les fins de mois ?

Personne ne sait pourquoi Robert Sarraud reprend son fils à trois ans. Non pas pour l'élever lui-même, mais pour le confier à sa propre mère qui vit au fin fond du Cher. Interrogée par les gendarmes après l'arrestation de Jean-Rémy, celle-ci déclarera :

– Tout le temps qu'il a vécu chez moi, c'était un enfant normal. Il était mignon et calme et je n'ai pas eu de problème avec lui. (Mais elle ajoutera, sans mesurer la portée de ses propos :) Il n'avait pas de camarades dans le quartier et il jouait toujours seul. De toute façon, je n'aurais pas aimé le voir traîner, mais la question ne se posait pas, il ne demandait jamais à voir un ami.

Comme tous les gamins du coin, Jean-Rémy se rend à l'école tous les matins. La conseillère d'éducation comprend vite que cet enfant ballotté depuis la naissance a de nombreux problèmes :

– Ses résultats n'étaient pas bons. Il semblait instable et agité. Il craignait les réprimandes mais les oubliait vite et recommençait les mêmes bêtises. Il avait bon cœur mais souffrait d'une situation familiale anormale.

Quand son père le récupère enfin, Jean-Rémy a huit ans. Dans son dossier de l'école publique de Saint-Mandé, on peut lire : « Enfant qui doit surmonter de grosses difficultés sur le plan familial. »

Pour beaucoup, comparés aux faits qui sont reprochés à Sarraud, ces éléments d'appréciation sont des détails insignifiants. Pourtant, comme chaque fois dans un procès d'assises, les jurés y attachent une importance capitale. Persuadés qu'il n'y a pas de fumée sans feu, ils sont certains qu'en fouillant dans la scolarité des criminels, en examinant les annotations des professeurs, ils vont découvrir l'origine de leurs méfaits. Pour eux, le crime n'est pas le produit d'une génération spontanée. Le ver était forcément dans le fruit bien avant que la pomme ne soit pourrie. Si un inculpé a été classé « élève brutal et indiscipliné à la maternelle », il aura beaucoup de mal à démontrer qu'il est devenu doux comme un agneau. Son avocat aura beau répéter qu'il nourrissait le chat de la voisine et qu'il chérissait tendrement sa petite sœur, la marque infamante du livret scolaire le poursuivra toujours. Et c'est ainsi qu'une paire de claques envoyée à un mioche au cours préparatoire devient un élément à charge vingt ans plus tard...

Comme le révèlent les observations portées sur ses bordereaux, Jean-Rémy Sarraud a des problèmes qui tiennent autant à ses difficultés familiales qu'à son caractère ombrageux et renfermé. Les fées, qui n'ont pas voulu se pencher sur son berceau, ne vont pas plus l'aider dans les années à venir...

Pendant que l'enfant gambadait en solitaire dans les verts pâturages du Cher, papa Sarraud a refait sa vie. Sa nouvelle conquête, Gisèle Fortaner, est épicière. Sans être une marâtre, elle milite pour l'utilisation des compétences. Puisqu'il y a une bouche de plus à nourrir à la maison, il lui semble normal que le gamin participe à ses frais d'entretien. Chaque matin, bien avant l'heure du laitier, il se lève à l'aube pour mettre en état l'épicerie. Le soir, alors que les petits copains s'éparpillent sur le terrain de foot, Jean-Rémy se charge des livraisons. Accessoirement, il écoute d'une oreille distraite l'enseignement que lui dispensent les professeurs du C.E.S. Paul-Bert de Saint-Mandé. Mais, malgré leurs efforts, l'enfant se révèle aussi peu doué pour les études que pour la conversation. Il suit pourtant, non pas les cours, mais les gosses de son âge qui friment sur les trottoirs, une cigarette au bec. Comme ce n'est pas l'habileté qui le caractérise malgré ses quinze ans, il est surpris par le directeur du collège en train de fumer dans les couloirs. Plutôt que d'affronter la colère de son père, il préfère fuguer et découvre que la fuite est un bon moyen d'éviter les roustes. Les fugues vont ainsi se succéder pendant toute sa scolarité. Il lui arrivera même de disparaître dans la nature pendant quinze jours.

L'école buissonnière n'étant pas la meilleure façon d'obtenir son bac avec mention, les chances de réussite de Jean-Rémy deviennent des plus aléatoires. Ses notes, qui campent aux alentours du zéro pointé, lui ouvrent les portes d'une sixième « allégée ». Cette appellation pudique, destinée à ne pas choquer les chères petites têtes blondes, est en fait une voie de garage où se retrouvent les cancres en souffrance. A grand renfort de révisions et de rabâchage, les profs essaient d'inculquer à Sarraud les vertus du participe passé. Bien que les programmes soient, comme la classe du même nom, considérablement allégés, Jean-Rémy montre peu d'ardeur à intégrer un savoir dont il se fiche cordialement. Orienté vers une cinquième tout aussi « light », il s'avère définitivement nul.

Sur ces années employées à se noircir les doigts sans succès sur les cahiers de brouillon, M. Sarraud, faisant preuve d'une intuition rare, émet le commentaire suivant :

– Jean-Rémy n'a jamais connu de problèmes psychologiques importants. Sans être un élève brillant, il suivait normalement l'école.

Sur question du juge d'instruction, Mlle Anzani, qui finit sans doute par se demander si on parle bien de la même personne, il lâche comme à regret :

– Il est exact que Jean-Rémy a souffert d'incontinence jusqu'à l'âge de seize, dix-huit ans. Mais, précise-t-il, ce n'était pas de façon permanente et il n'a jamais été soigné pour ce trouble. C'est vrai aussi qu'il a été réformé et qu'il n'a pas effectué son service militaire. Je crois que c'est à cause de sa mauvaise denture.

Faisant preuve une fois de plus de son sens aigu de la psychologie, Robert Sarraud persiste et signe :

– Pour moi, rien ne laissait présager que mon fils puisse être impliqué dans une telle affaire. J'ai toujours travaillé ainsi que ma compagne et je gagnais correctement ma vie. Je lui aurais bien donné de l'argent, mais comme il ne demandait jamais rien...

Plutôt que de le laisser végéter près du radiateur, les conseillers d'orientation dirigent Jean-Rémy Sarraud sur une école d'apprentis pâtissiers, le centre Jean-Moulin, à Vincennes. Plus à l'aise dans l'art du baba au rhum que dans l'algèbre, le jeune homme, alors âgé de dix-sept ans, retrousse ses manches et met la main à la pâte. En même temps qu'il ingurgite un savoir tout neuf, il trouve une place d'apprenti dans une pâtisserie de Maisons-Alfort. Pas mécontent de caser son rejeton, le père de Jean-Rémy se déplace en personne pour présenter sa progéniture. Suivi de son grand dadais de fils, il expédie rapidement les formules de politesse et va droit au but :

– Vous avez carte blanche pour le façonner. Battez-le s'il le faut !

Heureusement pour Jean-Rémy, M. Willoteau, son patron, ne bat que la crème fouettée. Si le jeune homme le voulait, il pourrait être pour lui un modèle. Car c'est un brave homme, amoureux de son métier qu'il exerce à l'ancienne. Véritable esthète, il tourne le dos à la modernité et refuse toute compromission. Pas de caramel en tube ou de crème anglaise en poudre.

– La pâtisserie, dit-il, c'est d'abord une bonne recette, puis le tour de main. Mais on ne fait rien de bon sans des ingrédients de qualité : œufs frais, farine de froment, beurre des Charentes...

La qualité des produits, c'est l'obsession de ce maître chocolatier que ne renierait pas Jean-Pierre Coffe. La quarantaine gaillarde et le visage ouvert, il veille comme une mère poule sur ses mitrons. S'il sue sang et eau pour leur communiquer son art, c'est autant pour remplir sa boutique que pour leur donner l'amour du bel ouvrage. Sa passion du travail bien fait, il la tient de son père. Car, dans la famille, on est pâtissier de père en fils ainsi que l'atteste la jolie photo sépia qui trône au-dessus de la caisse. Une photo au charme désuet qui aligne dans l'ordre : Mme Willoteau mère, en robe noire et col de dentelle ; M. Willoteau, en tablier blanc et toque sur la tête ; trois apprentis, en grande tenue eux aussi.

Comme son papa, le fils Willoteau arbore une moustache fournie. Cette paire de bacchantes est, comme le saint-rémy, le blason de la famille Willoteau. Et chacun de se demander, bien sûr, ce qu'est le saint-rémy...

Cette appellation, qui semble échappée d'un registre des saints, est en fait la spécialité de la maison : une meringue aux amandes et à la crème de noisette. C'est aussi la spécialité de Jean-Rémy Sarraud qui, une fois n'est pas coutume, excelle dans la préparation de ce mets délicat. A tel point que le patron lui-même assure :

– Jean-Rémy était le champion du saint-rémy. On le blaguait même là-dessus...

Il faut dire que, sorti de l'élaboration de ce gâteau

de légende, l'apprenti Sarraud n'est pas un foudre de guerre. S'il parvient sans trop de peine à pétrir une pâte brisée, il ne semble pas très doué pour la pâtisserie. Les deux années qu'il passe chez M. Willoteau n'ont pas laissé à ce dernier un souvenir impérissable :

– Sa première année n'a pas été trop mauvaise. La seconde année, il a été souvent absent. Il n'était pas doué, mais tant que j'étais à côté de lui, ça allait. Il fallait le tenir.

Ce n'est pas que Jean-Rémy Sarraud soit vraiment fainéant. Il se lève tous les matins à 5 heures et commence son travail à 6, pour finir à 16 h 30. Comme il n'est qu'apprenti, son salaire n'est pas épais : quarante pour cent du S.M.I.G. la première année et soixante pour cent la seconde. Pas de quoi rouler en Alfa Romeo...

Comme la contemplation des tartes aux pommes ne suffit pas à son bonheur, Jean-Rémy, tout en glaçant les religieuses au chocolat, s'évade à sa façon. Son esprit rejoint la « bande », celle qu'il retrouve tous les soirs à *La Terrasse*, un café de Saint-Mandé.

A peine sorti de son travail, il échange sa toque contre un jean et des santiags. Il enfile son vieux blouson de cuir, vérifie son look de rocker dans la glace (c'est un fan de Johnny Hallyday) et file à *La Terrasse*. Entre une partie de flipper et un café sur le zinc, il refait le monde, il existe, il est enfin quelqu'un.

Sarraud a même réussi à dénicher une petite amie, ce qui, vu son physique et son problème d'incontinence, n'était pas gagné au départ. Jean-Rémy a en effet les dents rongées par le sucre. Bancales et déchaussées, celles qui lui restent ne sont pas belles à voir... N'empêche, Marie, sa copine, l'aime tendrement :

– Il pouvait être très drôle car il avait beaucoup d'humour. Il nous faisait, à ma mère et à moi, toutes sortes de gâteaux. Il adorait surtout les charlottes et, avec de la crème, il les décorait d'une façon pas possible...

Sans même qu'il s'en rende compte, Jean-Rémy est arrivé à la croisée des chemins. Il a un patron bienveillant, l'amorce d'un métier dans les mains et surtout Marie, la petite « jardinière » d'enfants aux yeux verts et aux boucles blondes. Elle l'aime avec la fougue de ses dix-sept ans et ne lui trouve pas une « gueule abominable », comme le soutiendra plus tard l'avocat général Guilloux. Que lui manque-t-il, en fait, pour se ranger et tout simplement être heureux ? Sans doute l'équilibre. Le besoin de connaître celle qui l'a mis au monde et qu'il n'a jamais pu appeler maman. Marie se souvient :

– Sa mère, il avait une réelle envie de la rencontrer. Il en parlait souvent. Il se demandait ce qu'elle faisait, pourquoi elle l'avait abandonné. Il faisait toutes sortes de suppositions. Il allait jusqu'à imaginer que c'était une prostituée. Une fois, quand il était jeune, il a réussi à dénicher son adresse et il est passé devant chez elle. Elle habitait dans une H.L.M. Derrière la porte, il a entendu des gosses. Il n'a pas osé sonner. Plus tard, je lui ai proposé d'aller la voir ensemble, mais elle avait changé d'adresse...

Jean-Rémy abandonne définitivement l'idée de retrouver sa mère. Pour immortaliser un passé qui est définitivement lettre morte, il tatoue sur son avant-bras sa date de naissance. Il supporte la morsure de l'aiguille qui dessine aussi un énorme scorpion. Quand Marie s'étonne de ce sigle imprimé sur sa peau, il répond :

– Le scorpion, c'est mon signe astrologique. Il symbolise la force et la puissance.

Puisqu'il ne peut se réconcilier avec ses origines, il mise tout sur ses nouvelles relations. Un jour, il déclare à ses compagnons de travail :

– Je suis allé l'autre week-end à Deauville avec un pote à moi. Il avait une Porsche et il a dépensé une brique en une soirée.

Sarraud multiplie ce genre d'affirmations, à tel point que les mitrons ont bien du mal à démêler le rêve de la réalité. Même M. Willoteau y perd son latin :

– Il se vantait sans cesse. On se demandait même s'il n'était pas mythomane. Par exemple, il n'arrêtait pas d'évoquer un copain, un « fils d'ambassadeur », très riche. Il l'avait emmené ici et là. Il lui avait offert ceci ou cela. Il en avait plein la bouche. Un jour, il nous a dit que son-copain-le-fils-de-l'ambassadeur allait l'inviter en Egypte, au Club. Evidemment, personne ne l'a cru. Jusqu'au moment où, au retour des vacances, il nous a montré des photos de lui : posant devant les Pyramides, avec des dromadaires ou installé sur une chaise longue au bord d'une piscine.

Comment croire de telles fables, même si elles se révèlent exactes, alors que Sarraud apparaît de plus en plus comme un paumé ? Il n'y a que lui pour croire à son folklore de rocker à quatre sous et à ses délires de grandeur. A défaut de retrouver une mère définitivement classée aux abonnés absents, il fait le forcing du côté de son père. Quand celui-ci, à cinquante ans, perd son emploi de chauffeur-livreur à la suite d'un accident de la route, il écume de rage. Aux enquêteurs, il expliquera :

– J'ai trouvé le système pourri. Depuis vingt piges qu'il bossait pour la même boîte, il n'avait jamais fait le moindre faux pas. Son job, c'était sa vie. C'était même à cause de son boulot que je ne le voyais jamais. Il faisait partie des gens qui se tuent au travail en sacrifiant parfois les gens qu'ils aiment. Et, pour un accident où il n'était même pas en tort, alors que c'est lui qui a prévenu les flics, il est viré... C'est quoi, ça, une justice qui juge sur un seul acte la vie d'un homme ? (Et d'ajouter, visionnaire :) A quoi ça sert d'être honnête, autant faire voleur. Là, au moins, quand on va en prison, on sait pourquoi...

Alibi moral ou choc psychologique, cette péripétie dans l'itinéraire professionnel du père marque un tournant dans la vie de Sarraud. De plus en plus indifférent aux charmes du feuilleté meringué, il rate son C.A.P. de pâtissier. Enfin presque... Fidèle à sa réputation d'exécutant, il réussit la pratique mais bute sur la théorie. Son apprentissage chez M. Willoteau s'achève, et il ne cherche d'aucune façon à le prolonger. Nostalgique, il revient pourtant voir ses anciens compagnons, chevauchant une Yamaha 500 immatriculée en Allemagne et dont la clé de contact est une pièce de monnaie trafiquée. Quand Sarraud enfourche cette moto de rêve, il se croit tous les droits, même celui de dire à ses copains :

– Vous êtes des cons de travailler !

Ce qui ne les perturbe pas plus que son ex-patron qui ne le prend pas au sérieux :

– Il frimait, mais ça sonnait faux, raconte M. Willoteau, et d'ailleurs, ça le gênait qu'on ne le prenne pas au sérieux. Vous savez, Jean-Rémy, c'était un type plutôt influençable, un faible, un suiveur. Bref, c'était le lampiste.

Sarraud, qui en a marre de dormir sur un canapé, dans le salon de son père, décide de voler de ses propres ailes. Pas assez fortuné pour se louer une chambre de bonne ou l'appart avec vue sur Seine de ses rêves, il « squatte » le garage abandonné d'un ancien supermarché de Saint-Mandé. Sa petite amie, Marie, en garde un souvenir très précis :

– Il s'était installé un lit, une table et avait même arrangé je ne sais quel branchement pour avoir de l'électricité. Le résultat n'était pas trop mauvais, mais un soir, les mecs du supermarché sont passés. Ils l'ont vu, ils ont rigolé, ils ne lui ont rien dit. Sa toilette, il venait la faire chez ma mère. Pendant un certain temps, elle lui a nettoyé son linge, elle l'avait à la bonne.

Les années ont passé, mais quand Marie parle de son ancien amour, c'est avec une émotion intacte :

– Jean-Rémy n'a jamais eu de relations amoureuses suivies. Sauf avec moi pendant deux ans. C'était la première fois que quelqu'un lui portait une affection vraie, profonde, sincère. Je l'aimais très fort, mais il me disait : « Tu ne me connais pas. » Il était bizarre parfois... Il avait le cartilage d'une oreille qui avait une drôle de forme. Je lui demandais : « Qu'est-ce que tu as là ? » Il me répondait : « Ça ? C'est le diable. »

A force de dire tout et n'importe quoi, Sarraud s'enfonce chaque jour un peu plus. Il prétend être un dur, mais ses actes sont au niveau du personnage : ce ne sont que des ratés. Il a un casier judiciaire, minable, forcément : une amende pour défaut de présentation d'assurance, une détention d'arme de la sixième catégorie (un Opinel !) et, plus sérieux, un vol de sac à main dans une voiture en stationnement. Au petit bonheur la chance, il décroche des boulots de fortune qui lui permettent de tenir le coup financièrement et de rouler, incorrigible, à *La Terrasse*. En même temps qu'il soûle ses potes d'exploits imaginaires, il se vante d'avoir eu une enfance atroce, encore plus noire que la réalité. Comment arrive-t-il à concilier son passé de traîne-savates avec le costume de Superman qu'il se taille dans les grandes largeurs ? Qu'importe, il y parvient, et plutôt bien.

Le jour où un dénommé Laurent Hattab vient traîner ses Weston à *La Terrasse*, Sarraud n'en croit pas ses yeux. Ce type friqué qui se conduit comme un milord et régale l'assemblée, c'est son double. En positif, évidemment. Car Laurent est tout ce qu'il ne sera jamais.

Hattab est beau et riche, il roule en voiture de sport et ses parents ont pignon sur rue. Les filles qu'il trimbale ressemblent à des poupées Barbie et il affiche une panoplie de gourmettes et de chaînes en or à faire pâlir d'envie un joaillier...

Ce n'est pas de l'admiration qu'éprouve Sarraud

à son égard, c'est une véritable fascination. D'autant que, comble de surprise, Laurent accepte son amitié. Au départ, personne n'aurait parié un franc sur les chances d'une telle relation. Hattab, « le roi de Saint-Mandé », est sympathique, généreux mais, comme le souligne Marie, il reste distant. Ses apparitions sont un événement pour la bande, ces jeunes désœuvrés qui « glandent autour d'un seul café pendant des journées entières », à tel point que le patron, excédé, finit par les virer.

Que Jean-Rémy soit sous le charme de Hattab, on peut le comprendre. Mais que ce dernier ne puisse plus se passer de la présence de Sarraud, c'est une véritable énigme. Quelle attraction exerce ce marginal sur ce fils de rupin ?

Cette question, tous les proches de Hattab se la posent, et en particulier sa mère :

– Laurent a commencé à fréquenter beaucoup Jean-Rémy environ deux mois avant les faits, explique-t-elle. Je ne parvenais pas à comprendre l'intérêt de mon fils pour ce garçon insignifiant et sans qualités. Jean-Rémy était constamment auprès de lui, il ne le quittait pas.

Pascal, le copain de Hattab et le petit ami de Valérie, confirme :

– Jean-Rémy était subjugué par Laurent. Quand nous étions à plusieurs, il ne parlait qu'à lui, il ne voyait que lui. C'était une véritable admiration.

Est-ce la pitié qui pousse Laurent Hattab à prendre Sarraud sous sa protection ou une façon de conjurer le sort, de remercier la vie de ne pas être cette caricature ? Car, que serait devenu Laurent Hattab si son père n'avait pas mis les bouchées doubles, s'il n'était jamais sorti de cette H.L.M. rongée par la vermine où sa femme et lui subsistaient en ramassant des fruits avariés sur les marchés ?

Bien plus que l'argent et l'éducation, ce qui sépare les deux jeunes gens, c'est le courage d'un homme. Celui du père Hattab qui s'est battu bec et ongles pour offrir à son fils ce que le père de Jean-

Rémy n'a jamais offert au sien. C'est peut-être pour réparer cette injustice – et aussi parce que Laurent joue dans l'histoire le rôle du gentil petit cœur – que les parents Hattab supportent, non sans mal, cette étrange relation. Il faut même reconnaître qu'ils y mettent beaucoup de bonne volonté, ainsi que l'explique Mme Hattab :

– Laurent m'a demandé de recueillir Jean-Rémy à la maison pendant quelque temps et de m'occuper de son linge, car sa belle-mère refusait de le faire. J'ai accepté. Un certain temps, du moins.

Car la bonne volonté a des limites. Les Hattab veulent bien offrir à Jean-Rémy le gîte et le couvert à condition que le Dunlopillo de service n'en souffre pas. Et justement, le matelas de la chambre d'amis ne s'est jamais remis du séjour de Sarraud. La deuxième fois qu'il a souillé la literie, maman Hattab a décidé que la coupe était pleine et que les meilleures choses avaient une fin. Heureusement, Laurent veillait au grain. Nullement choqué par l'incontinence nocturne de son ami, il continue de l'entourer de sa chaude affection. Plutôt que de le voir galérer dans des abris précaires, il lui installe un gîte dans son atelier de confection. Quand sa petite amie, Sophie, lui demande comment il peut s'intéresser à un garçon qui lui apporte si peu, il répond :

– Il n'a plus de parents, il a besoin de soutien !

Ce qui fait peu de cas de M. Sarraud père qui, pour être inexistant, n'en est pas moins toujours en vie...

Les relations des deux compères sont donc au zénith. Ils s'entendent comme larrons en foire. En échange des bienfaits de Laurent, Jean-Rémy devient son factotum : il approvisionne le Frigidaire, va chercher la voiture au garage, promène le petit frère comme il promènerait le chien si Laurent en avait un. Il accepte même de se charger de pratiques curieuses qui hésitent entre la superstition et le vaudou. Sandrine, une ex-employée du *Tee-for-two*, l'entreprise de Laurent, raconte, intriguée :

– Un soir, Laurent a demandé à Sarraud d'accomplir une coutume d'Afrique du Nord. L'atelier venait de brûler. Il lui a dit d'acheter un poisson, d'ouvrir le ventre du poisson avec un couteau et d'étaler le sang sur les portes.

Cette pratique, même si elle risque de choquer les âmes sensibles, ne relève pas de la messe noire mais d'un rite destiné à chasser le mauvais œil. Pour Sarraud, qui ne comprend rien aux us et coutumes des Juifs tunisiens, acheter un merlan, l'éventrer et badigeonner les portes avec ses entrailles relèvent de la folie pure et simple. Mais il s'exécute, comme un bon petit soldat dont l'obéissance est la vertu première.

Evidemment, devant tant d'abnégation, chacun est libre de penser que Sarraud présentait le profil idéal pour devenir un porte-flingue honorable. D'autant que, depuis peu, Hattab est l'heureux propriétaire d'un pistolet 7,65. Un vrai de vrai, ventru de ses quatre cartouches, à peine utilisé, enfin... un peu, quand même. L'arme a servi à un cambriolage, c'est son copain Bruno qui le lui a dit. Même que le sieur Bruno, qui devait quatre mille francs à Hattab, a été bien content qu'il accepte le troc...

C'est en rôdant dans le parc du Tremblay, à Champigny, que Bruno a trouvé le joujou. Pas dans les fourrés, mais dans la main de Kamel, une armoire à glace spécialisée dans la revente de tout ce qui peut se chouraver dans le coin. On imagine le dialogue revu et corrigé version rapeur :

– Eh, mec, je te branche sur un coup ?

– C'est quoi, ton plan ?

– Je peux te vendre des trucs... Un « tarpé » [1], ça te branche ?

– Tu le sors d'où, ton flingue ?

– T'occupe... Tu me files combien, mec ?

1. Un « pétard », en verlan.

– Un Pascal, ça te va ? Ma parole, je suis raide...

– Cinq cents balles ? C'est cool, fils ! O.K., bouge pas, je reviens.

Quand Bruno sort du parc avec son précieux colis, il n'est pas mécontent. Surtout qu'emporté par un brusque élan de générosité Kamel lui a même filé une boîte de cartouches. Comme il insistait pour connaître l'origine de l'arme, Kamel lui a avoué qu'elle avait servi à un casse et qu'elle craignait...

Le soir même, Laurent Hattab accepte le pistolet pour solde de tout compte. Malhonnête mais correct, Bruno ne lui cache pas que le 7,65 a un passé, ce qui ne provoque pas chez Hattab une émotion considérable...

Cette saynète, qui reconstitue un instant les mœurs de la banlieue parisienne, vaut mieux que bien des discours. Elle prouve que, malgré ses grands airs, Hattab est le représentant d'un petit monde de « caves » qui, comme la grenouille, veulent devenir aussi gros que le bœuf.

On ne devient pas un « beau mec » [1] parce que l'on se balade avec de l'artillerie. Jamais un voyou digne de ce nom n'aurait accepté une arme qui, pour reprendre une expression du milieu, « ne voit pas le jour ». Ne pas utiliser un calibre qui a servi sur un coup, c'est la règle d'or de tout truand qui se respecte, la première leçon du manuel du parfait bandit.

Si la voyoucratie sacrifie à cette obligation, ce n'est pas pour faire marcher le commerce ou par superstition. Quand une balle est tirée, elle laisse des traces indélébiles dans le canon. A l'heure de la police scientifique et du microscope électronique, il n'est pas nécessaire d'être Sherlock Holmes pour découvrir si ces marques correspondent à celles des douilles ramassées sur le lieu du crime. Si la res-

1. Dans le langage policier, un « beau mec » est un voyou de grande envergure.

semblance est parfaite, l'affaire est dans le sac et le propriétaire de l'arme sous les verrous. C'est pourquoi le fond de la Seine et les bouches d'égout recèlent tant de trésors engloutis...

Totalement inconscient du danger, Hattab, gonflé d'importance, met donc le calibre dans la poche de son blouson. S'il est assez stupide pour acheter une arme aussi douteuse, il n'est pas assez idiot pour se prendre déjà pour Schwarzenegger. Un 7,65, ce n'est jamais qu'un pistolet d'opérette, la coqueluche des dames qui veulent tuer le mari infidèle. Mais n'empêche, ça vous pose un homme et puis, à l'usage, le petit 7,65 se révèle aussi dangereux qu'un bon gros Smith & Wesson.

C'est donc auréolé de sa gloire toute neuve qu'il brandit l'arme sous le nez de Sarraud. Pense-t-il, à ce moment-là, à transformer son homme à tout faire en porte-flingue ? Rien n'est sûr, mais c'est vrai que dans tous les films qui sacrifient au mythe du « Parrain », il y a une brute au regard de bovidé qui liquide les indésirables qui indisposent son maître...

Pour être séduisante, cette hypothèse, bien que largement exploitée dans la presse, n'en est pas moins facile. Laurent Hattab n'a pas l'envergure d'un Capone et il n'a surtout pas, comme les faits le démontreront, l'autorité nécessaire pour contenir un Sarraud déchaîné. Ce qui n'empêche pas leur association de fonctionner au quart de tour...

Les chaleurs de l'été 1984 mettent les cerveaux des deux acolytes en ébullition. D'autant que M. Hattab est à l'ombre d'une prison et ne joue plus les garde-fous. Dans l'atelier du père dévasté par les flammes, ils se retrouveront dans un décor de fin du monde. Les murs, carbonisés dans l'incendie, s'écaillent en lourdes cloques noirâtres. Des cartons, couverts de cendre, s'empilent le long des tables roussies. Les machines à coudre, figées par le feu, alignent leur ferraille inutile comme si elles attendaient un éventuel retour des ouvrières. Partout, des gravats, des échantillons d'étoffes tachés, des rouleaux de tissus à moitié brûlés. Et surtout, l'odeur obsédante, entêtante, du brasier qui a dévoré les locaux, léchant les murs avec une gourmandise obscène. Pendant des mois, ce remugle subsistera, comme la signature sinistre d'une faillite annoncée...

C'est dans les vapeurs de ce cadre apocalyptique que Jean-Rémy et Laurent s'abîment en de secrètes causeries. Quelle révolte gronde dans leurs cerveaux échauffés ? Quels coups pendables sont envisagés dans ce lieu sinistre ? Quels scénarios d'épouvante ? Sarraud avouera plus tard à la juge d'instruction :

– A l'atelier, nous discutions de choses et d'autres, mais principalement de nos projets d'agressions.

Quels étaient ces mystérieux projets ? Toute hypothèse relèverait de la fiction. Seuls les murs, à ce moment-là, ont eu des oreilles...

7

Retour au procès et aux inévitables réflexions de M. l'avocat général qui pense que l'enfance de Jean-Rémy Sarraud a un peu trop des allures de circonstances atténuantes :

– Sarraud, vous n'appartenez pas à la même classe que Laurent Hattab. Lui est bourgeois, vous prolétaire ; lui est riche, vous pauvre. Alors, comment, pourquoi êtes-vous devenus amis ?

Sarraud, qui ne se gêne pas pour répondre à côté de la question, avoue :

– Laurent possédait tout ce dont je rêvais : une famille unie, l'argent facile, des succès féminins et de l'aisance.

Cette déclaration en forme d'aveu ne satisfait pas l'avocat général. Elle est trop pleurnicharde, trop attendrissante, elle risque d'émouvoir les jurés...

– Ça ne nous explique pas comment vous êtes devenu le protégé de Hattab...

Et Sarraud de répliquer, toujours à côté de la plaque :

– C'est fascinant, quelqu'un qui a beaucoup d'argent.

– Et il vous en donnait ? insiste l'homme en rouge. Vous étiez son débiteur, donc mal placé pour lui refuser quoi que ce soit ?

– Peut-être...

Il faudrait être obtus pour ne pas voir la toile que tisse impatiemment l'avocat général. Comme un castor qui rassemble ses provisions en vue d'un hiver rigoureux, il emmagasine des informations « objectives ». La lecture du dossier a arrêté son opinion, et rien ne pourra l'en faire changer : Sarraud était l'homme de main de Laurent Hattab...

Convaincu, M. Guilloux refuse toute autre version et campe sur ses positions. Ses questions sont ficelles, même si, à plus d'un, la corde paraît un peu grosse...

Sarraud, que rien ne prédispose à la jonglerie intellectuelle, se méfie pourtant. Avec un flair qui emprunte beaucoup à l'instinct, il répond en demiteinte avec un laconisme de Normand.

M. Guilloux a du métier. Puisque l'accusé a l'art d'esquiver les questions d'ordre général, il met le turbo et tire dans le tas :

– En expliquant vos impressions pendant le meurtre, vous avez dit : « C'est facile de tuer, ça va tellement vite. »

Sarraud ne réfléchit pas et avoue, faisant preuve d'une étonnante sincérité :

– Je voulais dire que tout le monde peut le faire...

L'accusé a tapé dans le mille ! Une petite flamme s'allume dans les yeux de l'avocat général. Il se lève, magistral, en proie à une insurmontable colère. Singeant la voix de Sarraud, il répète :

– Ben, voyons, tout le monde peut le faire !

L'hermine tremble d'émotion, les manches rouges se lèvent vers le ciel comme pour souffleter l'impudent. Au comble de l'exaspération, indigné par l'outrage, M. Guilloux frappe des deux poings sur son bureau. Impressionnés, les jurés rentrent la tête dans les épaules : l'énervement de l'avocat général a un impact certain.

Me Gambarelli, l'avocat de Sarraud, se raccroche aux basses branches, lance, anéanti :

– Il n'a pas de famille. En prison, il ne reçoit pas de visite. Il est seul, désespérément seul !

Cette tirade, bien que hors sujet, casse un peu l'effet de l'avocat général qui se rassoit, satisfait à plus d'un titre. La balle est désormais dans son camp. L'enfance de Sarraud avait créé une impression pénible, à la limite de la pitié. La démonstration de M. Guilloux a balayé ces fugaces moments d'émotion. Sarraud le mal-aimé redevient un tueur. Une brute qui assure, d'une voix douce, sans trouble apparent, que le crime est à la portée de chacun...

Autre motif de satisfaction pour l'avocat général : la reprise en main de l'audience. Ce tour de vis s'imposait avant d'attaquer le moment fort de la journée : l'interrogatoire de Valérie Subra.

TROISIÈME PARTIE

L'INTERROGATOIRE DE VALÉRIE SUBRA

8

Elle s'appelait... Mais qu'importe son nom. Elle avait tué un homme qui répondait au joli prénom de Roméo. Parce qu'il passait à l'acte après l'avoir invitée dans sa garçonnière, elle lui avait écrabouillé la tête de cinquante-quatre coups d'haltère.

Comme Valérie Subra, elle s'est retrouvée, un jour, dans le box de la cour d'assises de Paris. Les jurés, un par un, ont soulevé la pièce à conviction, cette masse au métal brillant destinée à gonfler les biceps de Roméo et qui avait si bien fait gicler sa cervelle.

La jeune femme a pris huit ans, un verdict beaucoup moins lourd que l'haltère dont elle s'était servie pour réduire le crâne de son soupirant en charpie. Comme Valérie, elle pleurait à chaudes larmes, à rendre gorge, elle aussi habillée en noir de la tête aux pieds. A croire que les jolies femmes, à l'heure d'un procès d'assises, font tout pour se fondre dans l'ombre, sachant d'instinct que leur charme est un handicap insurmontable. Et c'est vrai que, face à Thémis, la beauté a des relents de soufre et de fagot.

Comme toutes les filles un peu trop avenantes qui l'ont précédée en ce lieu, Valérie n'est pas dupe et s'attend au pire. Bien qu'en tenue de carmélite et la mine repentante, elle n'en n'est pas quitte pour autant. En fait, quelle que soit sa mise, comme les autres accusées, elle a forcément tout faux.

Aux assises, il suffit d'un pull trop moulant ou d'une jupe trop courte pour que la femme dans le box soit une « allumeuse ». Même si elle choisit de s'engoncer dans un sac, la couleur de l'emballage revêt une importance capitale. Le noir est la couleur de la mort, le rouge celle du sang. Les teintes claires, insolites à l'heure du châtiment, dénotent l'insouciance, et donc l'absence de remords. La voix aussi est à surveiller : haut perchée, elle trahit l'hystérique ; trop grave, le garçon manqué. Quant aux voix douces, comme celle de Valérie, c'est la signature des dissimulatrices...

Tel un fauve qui guette depuis des heures un morceau de choix, l'avocat général Guilloux prend son élan. Il décide d'attaquer en souplesse et, du haut de son pupitre, d'un air souverain, il demande, avec une fausse sollicitude :

– Il paraît que vous êtes jolie et coquette... Auriez-vous perdu cette coquetterie en prison ?

Paralysée par le trac, Valérie Subra répond, d'une voix fluette :

– J'ai compris ce qu'on me reprochait. J'ai changé.

Qu'importe la réplique. M. Guilloux passe outre et charge, saignant :

– Ah ?... Je pensais que vous portiez le deuil de vos victimes...

Séchée, Valérie n'en continue pas moins à inonder son mouchoir. Me Pelletier se lève immédiatement et lance du tac au tac :

– Je suis ravi que vous vous intéressiez à sa toilette...

M. Guilloux ne se laisse pas démonter. Il toise l'homme en noir et, narquois, évoque cette jeune femme que l'avocat a défendue quelques semaines auparavant devant le même parterre. Elle aussi, malgré sa réputation assez leste, était noyée dans le noir. Juive pratiquante, elle avait même la Thora sous le bras...

Me Pelletier n'avale pas l'insinuation. Il écume de rage, explose :

– C'est scandaleux ! Dites tout de suite que je compose l'habillement et le maintien de mes clientes !

L'avocat général n'entend pas se laisser marcher sur les pieds. Il repart à l'assaut, déchaîné, et, comme on remet au pas un gamin indiscipliné, il ordonne :

– Taisez-vous !

Pelletier rattrape la balle au bond, rugit :

– Taisez-vous vous-même ! On ne me parle pas comme cela, j'ai passé l'âge.

Effarés, les jurés regardent s'agiter les deux professionnels. Ils ne comprennent pas grand-chose à l'incident et le président Versini ne les aide pas, trop content que l'avocat général fasse le sale boulot à sa place. Les journalistes se tiennent les côtes et comptent les coups pendant que Guilloux se bat pied à pied. Il continue à haranguer l'avocat, la bave aux lèvres. Les deux hommes s'affrontent du regard, tous deux emportés par le désir de ne pas perdre la face. Leur autorité est en jeu, ils préfèrent le ridicule à la reddition. Me Pelletier, hors de lui, s'énerve pour de bon :

– Si vous voulez que cet incident se place sur le terrain des décibels, je peux parfaitement vous suivre sur cette voie... (En vieux renard, il ajoute :) M. le président tranchera...

Le président Versini n'a aucune envie de tenir le rôle de l'arbitre dans un combat de poids lourds. A contrecœur, il glisse, comme s'il intervenait dans une conversation mondaine, une tasse de thé à la main :

– Messieurs, je vous en prie...

Puisque le président les en prie, les deux adversaires peuvent se rasseoir. Leur honneur est sauf, aucun des deux n'a plié, leurs cordes vocales n'ont pas failli et le dernier mot est revenu au maître des débats. Encore bouillonnants, ils dévisagent les jurés qui s'en voudraient de les regarder. D'abord parce que les manifestations d'opinions, mimiques comprises, sont interdites, et ensuite parce qu'ils ne savent pas trop quoi penser de cette échauffourée...

Pendant que la cour d'assises s'ébroue de ce pugilat, Valérie, tout en reniflant, fixe la haute fenêtre qui surplombe les bancs de la presse. A un moment ou à un autre d'un procès, il y a toujours un accusé qui se perd dans la contemplation du ciel qui se dessine dans la croisée. Ce ne sont pas, au premier plan, les fenêtres mansardées qui attirent sa curiosité mais, plus loin, les nuages qui défilent sur fond bleu ou gris. Ces nuages indomptables poussés par le vent, qui se bousculent vers l'horizon comme des bateaux ivres. Et cette fuite sans entraves laisse aux hommes en cage un goût amer. Quand pourront-ils de nouveau décider d'aller et de venir ? Qu'ont-ils fait de leur liberté ?

9

En 1984, la liberté de Valérie Subra a pour décor les Champs-Elysées, cette avenue mythique qui mêle les touristes aux badauds, les jolies filles aux dragueurs de carrière. Pour comprendre les goûts et les préoccupations de Valérie à l'époque, il suffit de voir évoluer ses petites sœurs d'aujourd'hui. Car, dix ans plus tard, rien n'a vraiment changé.

Chaque week-end, comme pour sacrifier à un rite mystérieux, les minettes envahissent les abords du magasin *Virgin*, du *Drugstore* ou du *Pub Renault*. Quand elles ne sont pas secouées par des fous rires inexplicables, elles s'emploient à ignorer les garçons qui les approchent et qui peuplent leurs rêves. A quelques détails près, leur uniforme est celui que portait Valérie. Un jean (bien large de préférence) ou un caleçon, une chemise beaucoup trop longue, des talons forcément plats et l'inévitable blouson Naf-Naf ou Chevignon.

Tous ces attributs vestimentaires sont taillés dans le noir, évidemment. A la limite, elles acceptent le blanc ou le gris, avec parfois une petite incursion dans les bruns. Mais jamais de couleurs vives. Les couleurs qui claquent, elles détestent, c'est franchement « nul ».

Ces Lolita ont presque toutes les cheveux longs, coupés au carré, sans frange ni barrette. Comme cette construction a la fâcheuse manie de leur voiler la face, elles passent leur temps à rejeter en arrière les mèches rebelles qui, un instant tranquilles, leur retombent aussi sec sur le nez. Ce cérémonial, longuement étudié devant la glace de la salle de bains, est devenu une manie. Tout en gloussant, elles balancent la tête sur le côté et, dans un geste qu'elles espèrent sensuel, elles dégagent avec des mines de chatte leur front bombé.

Le moindre bouton les terrifie, mais comme elles ne savent résister ni aux pizzas ni aux hamburgers, elles les collectionnent avec application. Bien que cachée sous un plâtras de fond de teint, l'odieuse excroissance se voit, pensent-elles, comme le nez au milieu de la figure, ce qui explique, certains jours, leur air bougon et leur mine renfrognée. Car, leurs capacités intellectuelles étant réduites, ce n'est pas la montée de la violence à Sarajevo qui est leur principal souci. Elles s'apitoient pourtant sur les malheurs du monde car elles ont la larme facile et le cœur tendre. Quand elles tombent, à la télé, sur le spectacle navrant de la famine en Somalie, elles compatissent. Mais il suffit, au hasard du zapping, que « Hélène et les garçons » s'interposent pour qu'elles reprennent aussitôt leurs bavardages d'écolières.

Alouettes sans tête, elles complexent comme des « bêtes » chaque fois qu'elles se comparent à Cindy Crawford ou qu'elles montent sur leur balance. Fanatiques des régimes, elles prennent, chaque lundi, des mesures draconiennes pour éliminer les infâmes capitons qui enrobent leurs jolies cuisses. Hésitant entre la boulimie et l'anorexie, elles se gavent ou s'affament, toujours insatisfaites, jamais rassasiées.

A part les longues heures qu'elles passent au téléphone avec leurs nombreuses meilleures amies, elles emploient leur temps à réviser ou à sécher les cours et surtout à faire des « plans ». Pour ceux qui l'ignorent, le « plan », en langue ado, c'est, au choix :

1) Trouver une veste « super » de chez X ou Y à un prix « de folie ».

2) Avoir rendez-vous avec un mec « blindé » qui roule en Porsche et qui a un appart « d'enfer » au Troca(déro) !

3) Etre certaine de rentrer aux « *Bains* » parce qu'elles connaissent un copain « vraiment trop » qui connaît un ami du mec qui est à l'entrée.

4) Se faire inviter à une fête « top » où Patrick Bruel a promis de passer.

Comme ce n'est pas la profondeur du raisonnement qui les caractérise, les petites chéries voient souvent leurs « plans » échouer lamentablement. Le mec blindé a cinquante ans, elles se font refouler à l'entrée de la boîte ou attendent jusqu'à 5 heures du matin, sur un canapé, une star qui n'a jamais eu l'intention de pointer son nez. Dur, dur, d'être une minette pure et dure, obsédée par le fric et les fringues...

Prêtes à tout pour « réussir » – un terme flou qu'elles seraient bien en peine de préciser –, elles rôdent sur les Champs, persuadées que le ciel, à défaut de leur tomber sur la tête, leur désignera la voie royale. Obnubilées par leurs chimères, ces gamines ne s'aperçoivent même pas que la jeunesse est leur bien le plus précieux et que seules leurs rondeurs enfantines excusent leur incommensurable bêtise. Si, finalement, on pardonne leurs jugements à l'emporte-pièce et leurs gloussements ineptes, c'est parce qu'elles ne sont encore qu'au seuil de la vie et qu'elles n'ont pas encore éprouvé les griffes du temps. Ce ne sont que des pastels à l'état d'esquisses, des promesses d'avenir à la maladresse touchante et aux grâces exquises.

Mais loin d'exploiter ce potentiel, elles galvaudent leur capital avec des séducteurs sur le retour, des créateurs définitivement stériles, des vedettes qui ne brillent que dans les bals populaires. Mais ils roulent en Mercedes, non ? Et, en plus, ces types-là connaissent « plein de monde » : le portier de la boîte où elles rêvent d'entrer ; le barman de ladite boîte ; le mec accoudé au bar qui, paraît-il, est metteur en scène ; et même l'agent des top models, toujours à la recherche de nouveaux talents...

A l'époque où Valérie Subra promenait sa moue boudeuse dans les nuits parisiennes, le must, c'était d'appartenir à la bande d'Anthony Delon ou de Stéphanie de Monaco. A l'époque, toujours, Anthony courtisait la belle Valérie Kapriski, et Valérie Subra, disait-on, lui ressemblait beaucoup...

Pour côtoyer cette jeunesse dorée qui dépense sans compter l'argent des parents, il faut évoluer sur le même terrain. L'idéal, c'est d'investir les boîtes à la mode, celles dont « tout le monde » parle : *L'Apocalypse, Le Martin's, L'Elysées Matignon*... Evidemment, les portes du paradis ne sont pas ouvertes à tous les pécheurs. Avant de pénétrer, impériale, dans le sanctuaire, il faut amadouer le cerbère. Se recommander de Jacques ou de Paul, supplier : « Je vous en prie, soyez gentil... », « allumer », au besoin. Car les minettes savent aussi très bien jouer de la prunelle pour parvenir à leurs fins. Quand, intraitable, le portier les laisse mariner devant le sésame, elles raccourcissent encore leur mini, bombent le torse et roucoulent comme des tourterelles en secouant leur indomptable crinière. Mais aguicher n'est pas pécher... Le fin du fin, c'est d'« allumer un max » sans rien concéder. A ce petit jeu, Valérie Subra a toujours excellé. A dix-sept ans, elle entrait déjà sans le moindre problème dans les night-clubs les plus branchés de Paris.

En 1984, elle est vendeuse dans un magasin de confection, mais c'est le soir qu'elle redevient elle-même. En boîte, elle « s'éclate ». La nuit est son domaine. Elle aime ses ombres et ses paillettes, la valse des néons sur les Champs, les amitiés d'un soir. Au *Bus Palladium* ou à *La Scala,* elle est la reine. Elle ne piétine pas comme les autres des heures sur le trottoir, elle ne mendie pas un droit d'entrée, elle est reconnue, accueillie, entourée : « Comment vas-tu, ma chérie ? » Sourires, bisous à droite, clins d'œil à gauche. Cet empressement lui va droit au cœur, la réchauffe, la berce. En boîte, elle existe, elle est Valérie par-ci, Valérie par-là. Elle en use, en abuse avec délectation, persuadée de mener le jeu alors qu'elle n'est qu'un petit pion anonyme sur l'échiquier de la nuit.

C'est un soir comme tant d'autres, à la fin de l'été 1984, qu'elle découvre *Les Jardins de La Boétie.* C'est Patricia, une copine rencontrée au *Privé* quelques semaines auparavant, qui lui a parlé de ce restaurant incontournable.

Patricia a vingt-quatre ans, une profession très indéterminée, mais un carnet d'adresses long comme un jour sans pain. Elle connaît des « tas de gens » et même des célébrités. La preuve : Jean-Luc Lahaye est son meilleur ami et elle est sa productrice... Oui, Lahaye, le chanteur rescapé de la D.D.A.S.S. qui n'en finit pas de mettre en musique son enfance malheureuse. Et Patricia ne connaît pas que lui... Il y en a plein d'autres : des types qu'on voit à la télé, des intouchables que le Tout-Paris s'arrache.

Quand Patricia raconte, Valérie en prend plein la tête, plein les yeux. Cette fille-là, c'est la manne. Elle boit ses paroles, la harcèle de questions. Après de multiples coups de fil, la « grande » consent à l'aider. Et c'est ainsi qu'un vendredi soir elles se retrouvent rue La Boétie devant un restaurant d'opérette pompeusement baptisé *Les Jardins*...

10

Valérie et Patricia ont à peine poussé la porte vitrée qu'un homme se rue à leur rencontre. C'est Paul, le public relations de la maison. Les petites cailles minaudent, Paul les accueille à bras ouverts. Patricia fait les présentations :

– Paul, voici Valérie, l'amie dont je t'ai parlé...

On ne se connaît pas, mais on s'embrasse, et plutôt deux fois qu'une. M. Relations publiques est ravi. C'est le ciel qui lui envoie cette poulette de grain, tendre à cœur, mignonne à croquer. Un vrai label rouge. Il complimente, s'extasie, entoure de son bras large les frêles épaules.

– Venez, mes chéries... (Il les pousse d'autorité vers le bar.) Asseyez-vous. Vous prendrez bien quelque chose, c'est ma tournée.

Pendant que, d'un claquement de doigts, il appelle le barman, il lorgne, mine de rien, sur la petite nouvelle. Des années plus tard, il garde de cette première rencontre un souvenir ébloui :

– Valérie était tout à fait superbe avec sa moue gourmande, son beau teint pâle, frais, son visage enfantin et son épaisse chevelure noire. Son corps était peut-être un peu trop potelé, mais elle avait une figure vraiment magnifique...

L'impression de Martine Anzani, le juge d'instruction chargé de l'affaire, sera moins complaisante :

– Elle était molle, plutôt bovine, pas vraiment jolie mais fraîche, et ces messieurs aiment la chair fraîche...

Valérie, qui ne sait pas encore qu'elle ressemble à un ruminant, sirote avec application son jus d'orange. Elle trouve le public relations « vachement sympa ». Il faut dire que M. Paul y met du sien. Il la saoule de paroles, s'attendrit, s'esclaffe au moindre de ses mots. Qu'il ait l'âge d'être son père ne le gêne pas plus que son crâne à moitié chauve et les mèches grises qui bouclent dans son cou. Pendant qu'il débite son baratin comme un parfait camelot, il en profite pour attraper l'une par la taille, l'autre par la main. A la table d'à côté, des habitués lui adressent un sourire complice. Paul est sur un « coup », ils en salivent d'avance...

Si Valérie avait deux sous de jugeote, elle se méfierait comme de la peste de ce vieux beau ; de cette caricature qui se serre contre sa cuisse avec la cupidité d'un maquignon un jour de foire. Elle se douterait qu'il n'est pas le patron, mais un chasseur de têtes ; que son rôle consiste à remplir la salle et à rabattre des jeunes filles en fleur vers des quinquagénaires avachis, prêts à troquer leur portefeuille contre un peu de jeunesse.

Oh, évidemment, M. Paul ne force personne ! Ses invitations n'ont pas des relents de voyage à Tanger. Comme sa fonction l'indique, il met en « relations » le « public » ; après, chacun se débrouille... C'est ce qu'il affirme, la main sur le cœur pour attester sa bonne foi et sa haute moralité. N'empêche, il sait bien, en vieux loup de la nuit, que les chevrettes se feront dévorer au matin. Mais ça ne le gêne guère. C'est la loi du genre, un juste retour des choses. Au prix où est le caviar, il faut bien une « petite » contrepartie.

Il sait tout cela, Paulo, et bien d'autres choses encore... L'avenir de la petite Subra lui semble tout tracé. Une bonne recrue, celle-là, novice et craquante, elle plaira... Il colle tellement à son personnage qu'il faut être aveugle pour ne pas s'apercevoir que le public relations n'est qu'un vulgaire entremetteur.

Mais Valérie ne voit rien, ne comprend rien. Elle est bluffée par le décor, le ballet des maîtres d'hôtel, l'élégance des femmes. Elle ne remarque même pas les regards entendus des amis de M. Paul. Elle n'entend que le chuchotement des conversations, le tintement des verres, le craquement délicat des carapaces de langouste qui cèdent sous la pression des pinces. Dans cette ambiance ouatée où tout semble luxe, calme et volupté, Valérie Subra se sent bien. Tout simplement.

Les chéries ont-elles dîné ? Non ? Vraiment ? Il faut remédier à cet oubli... D'autorité, M. Paul entraîne les filles. Pendant qu'il fend la salle en multipliant les sourires et les mots aimables, il cherche des yeux la place idéale. Pas question de coincer ces beautés entre les lavabos et la porte des cuisines. Comme par hasard, il tombe sur son vieil ami René Besso...

Déjà en bonne compagnie, l'industriel accueille le trio à bras ouverts. Paul, l'œil brillant, fait les présentations. René, qui reçoit le message cinq sur cinq, invite tout le monde à sa table.

– Tu aimes les huîtres, bébé ? demande M. Paul à Valérie.

Car Valérie, en dix minutes, est passée du stade de l'illustre inconnue à celui de l'amie intime. Elle est désormais « bébé » et a droit à un tutoiement de faveur.

Qu'importent les goûts personnels, les chéries s'en remettent à l'appréciation de M. Paul pour composer leur dîner. Gageons qu'il n'a pas voté pour les plats les moins chers... Pendant que le sommelier recommande ses meilleurs crus, Valérie, intimidée, détaille le cadre.

Les Jardins méritent bien leur nom. La preuve, tout est vert : les treillages qui tapissent les murs, les banquettes, les plantes en pots en fausse chlorophylle mais en vrai plastique. Il y en a aussi de bien réelles qui dégoulinent du plafond, et surtout, derrière une vitre immense, il y a un jardin dit intérieur, et de rocaille, de surcroît...

Pour ajouter une note champêtre, le décorateur a posé une large coquille Saint-Jacques en plastique blanc au milieu de cet espace écologique. Comble du réalisme, un jet d'eau tremblotant s'élève au cœur de la coquille avec des glouglous d'évier qu'on débouche. Juste à côté, une statue en similibronze représente, grandeur nature, un homme penché sur un livre. L'ensemble est pimpant comme une représentation de *L'Auberge du Cheval blanc* au Châtelet...

Les convives de sexe mâle s'intéressent beaucoup à la petite Valérie. Quel âge a-t-elle ? Si jeune, vraiment ? Alors, elle est mineure... Comme c'est touchant... (Un peu ennuyeux aussi, mais pourquoi cette gentille pouliche ruerait-elle dans les brancards ?) Et que fait-elle dans la vie ? A cette question cruciale, Paul affirmera aux enquêteurs :

– Elle se disait mannequin. Elle avait l'illusion de l'être parce que le patron de sa boutique lui faisait parfois essayer des modèles devant les clients... Elle voulait faire carrière dans la mode, poser pour des photos. Elle m'a demandé des conseils. Je lui ai dit : « Bébé, faudra d'abord un peu maigrir. » Elle avait en effet les hanches un peu fortes. Mais elle savait s'habiller avec des robes longues et sombres qui affinaient sa silhouette. Et puis, elle n'était pas très grande : un mètre soixante-cinq. Ce ne sont pas exactement les mensurations requises pour un mannequin.

Il est clair que M. Paul a un talent rare pour conseiller utilement les gamines... Valérie avait-elle vraiment « l'illusion » d'être un top model ? Et si elle se prenait pour Claudia Schiffer, pourquoi se montrait-elle en compagnie de ce faire-valoir ? La réponse qu'elle donna ce jour-là avait peu d'importance, René et sa bande se fichaient pas mal de ses rêves. Ils ne supputaient pas sur son avenir lointain, mais sur un futur très proche...

Comme les meilleurs plaisirs ont une fin, l'addition marque le terme d'un dîner joyeux, fort bien arrosé. Le groupe s'ébranle vers la sortie. M. Paul, qui ne lâche pas la nouvelle, se joint à la troupe. On ne va pas se quitter comme cela, ce serait trop bête... Direction *L'Apocalypse*, une boîte dont l'évocation donne des frissons dans le dos des deux filles. Entrer à *L'Apo*, ce n'est pas donné à tout le monde. Il faut montrer patte blanche, être connu, reconnu, faire partie du « gratin »...

Le groupe à peine arrivé, Olivia Valère, la grande prêtresse du lieu sacré, se répand en amabilités. René accepte l'hommage, sa cote est au beau fixe. Valérie ne moufte pas quand il lui enserre la taille. Mine de rien, elle use de son sourire charmeur pour se dégager. Elle n'est qu'une très jeune guenon mais connaît déjà tout l'art des grimaces...

A 1 heure du matin, les choses se précipitent. René Besso décide de lever le camp. Patricia et les autres s'évanouissent dans la nature. Restent l'industriel et la jolie Valérie. Peut-être un dernier verre chez le fringant industriel ? Décidément très sûre d'elle, Valérie accepte.

Le carrosse du Prince Charmant est avancé : une piaffante Jaguar aux innombrables chevaux. René embraie en souplesse, accélère juste assez pour montrer qu'« il en a sous le pied ». Terminus, tout le monde descend. L'hôtel particulier, situé à deux pas du parc Monceau, a fière allure. Ils montent l'escalier en pierre de taille. Valérie, comme l'usage l'ordonne, est la première, ce qui permet à l'ami René de mater les courbes avantageuses de l'innocente ingénue.

L'appartement est un bonheur d'élégance. Un peu outré, un peu chargé, mais bon... Valérie décide de s'intéresser brusquement à l'art. Elle observe les tableaux, fouine un peu partout.

René trouve cette curiosité picturale un peu lassante, il demande à la petite chérie de s'asseoir près de lui, tout près de lui, dans ce canapé où les coussins ont le moelleux d'un oreiller... Il risque une main sur le genou rond de la donzelle. Valérie sourit, mais dégage sa rotule. René s'enhardit, s'empare de sa main, la serre de près. Cette fois, Valérie ne sourit plus. Elle se lève, s'absorbe de nouveau dans la contemplation des œuvres d'art.

René en a marre. Il est tard et il travaille demain. Cette minette, charmante au demeurant, commence à le fatiguer. Il n'a pas que ça à faire... Alors, elle « couche » *(sic)* ou elle ne « couche » pas ? C'est non, et sans espoir de retour ! O.K., alors plus besoin de mettre les formes. Pas question de réveiller la Jaguar qui dort du sommeil du juste au fond du garage. La petite se contentera d'un taxi, et encore, il est bien bon... De toute façon, c'est de sa faute, on ne fait pas d'une ânesse un cheval de course. Cette mijaurée ne sait pas ce qu'elle veut. Elle devrait être contente qu'il ne la viole pas sur la moquette comme une garce que, de toute manière, elle est. C'est vrai, ça !

René ne décolère pas. Toute la soirée, il a dorloté cette sainte nitouche, il l'a nourrie, abreuvée, placée sur un piédestal et, au moment de conclure, elle se débat avec des cris de vierge effarouchée. La porte, elle mérite la porte, et en vitesse, sans sommation.

La petite chérie n'est pas contente, elle renaude, trouve que son chevalier servant se conduit d'une façon quelque peu cavalière... René croit rêver. Il claque la porte avec une vigueur qui en dit long sur sa frustration. Heureusement qu'en toute circonstance il se conduit comme un gentleman, sinon...

11

Malgré le travail de fourmi réalisé par la juge d'instruction et les multiples questions posées par les policiers, aucun témoignage n'a jamais amené la preuve que Valérie Subra se prostituait. Cette évidence gêne un peu l'avocat général qui reste sceptique :

– Vous ne reconnaissez pas vous être prostituée. Qui payait vos repas ? demande-t-il à Valérie d'un air dubitatif.

– Paul me mettait à table avec des amis à lui. Ce n'est pas parce que je mangeais avec eux que je me prostituais ! rétorque Valérie Subra avec aplomb.

M. Guilloux, qui n'en croit pas un mot, se contente de cette réponse. Il connaît trop les hommes et leurs turpitudes pour admettre que ces messieurs lâchaient leur bon argent contre un sourire. Mais comment étayer une intuition quand aucun élément du dossier ne vient la renforcer ? Il sait que le commissaire Flaesch, qui a mené l'enquête, abonde dans son sens. Le policier a même affirmé :

– Je ne pense pas que Valérie Subra ait pu venir si souvent aux *Jardins de La Boétie* sans participer aux « soirées »...

Mais, encore une fois, il ne s'agit que d'une impression. Rien de tangible ni de palpable. A défaut de dégager une certitude, l'avocat général laisse planer le doute. Ses silences, lourds de sous-entendus, en disent plus long qu'une démonstration périlleuse... Il lâche Valérie, mais revient sur la réputation très « spéciale » du restaurant.

Les mœurs de la clientèle n'étaient un secret pour personne. Après des agapes gastronomiques, il était de règle de se retrouver, entre gens du même monde, dans des « soirées » aux plaisirs très raffinés...

M. Guilloux en est encore au stade de l'évocation subtile. Le mot « partouze » lui brûle la langue, mais il préfère utiliser la métaphore, le jeu de mots aérien. Ce n'est pas qu'il rechigne à employer des expressions crues, bien au contraire. Il sait parfaitement appeler un chat un chat et créer l'émotion. Rien de tel pour réveiller une cour d'assises qui sombre peu à peu dans la torpeur que de lancer une expression bien sentie, insolite dans une enceinte de justice.

Insolite, car la justice, par essence, est bien élevée. Les magistrats, quand ils ont la bride sur le cou, rivalisent de style et de termes châtiés. Les accusés, au garde-à-vous, ont tellement peur de déplaire qu'ils mettent en veilleuse leur franc-parler. Quant aux jurés, leur fonction les réduit au silence, ce qui est le plus sûr moyen d'éviter des débordements fâcheux...

Valérie Subra garde, comme toujours, les yeux baissés. Cette constante n'est qu'une réaction de défense, mais elle la dessert une fois de plus. Comment deviner si cette sournoise donnait de sa personne contre un souper fin ?

Le président Versini glisse, avec une certaine malice :

– J'ai voulu faire un tour dans ces *Jardins de La Boétie,* ce club « échangiste », pour voir ce que c'était...

Léger silence. Le président raffole de ces points de suspension qu'il ouvre dans une phrase. Quand tous les regards convergent vers lui, il reprend, conscient de la déception qu'il va susciter :

– Malheureusement, ce n'était plus ouvert...

Quel dommage ! Le public reste sur sa faim. L'anecdote, certes, n'aurait pas apporté grand-chose aux débats, mais deux ou trois détails croustillants auraient un peu allégé l'ambiance. Il y a si peu d'occasions de se détendre, aux assises...

Valérie deviendra une habituée des *Jardins de La Boétie*. Pas gênée d'avoir envoyé l'ami de M. Paul sur les roses, elle repartira à l'assaut du bastion avec une candeur qui est l'apanage des âmes simples. Loin de lui en vouloir (après tout, René Besso n'avait qu'à être plus malin !), M. Relations publiques la reçoit, dès sa deuxième visite, comme une vieille connaissance.

Outre l'incontournable Patricia, Valérie est flanquée d'une jouvencelle de quinze ans. La mignonne est lycéenne, en classe de seconde pour être précis. Elle sent encore le biberon, mais affiche un air déluré qui fait plaisir à voir.

M. Paul, on s'en serait douté, trouve l'amie de Valérie charmante, vraiment charmante...

Après la dégustation des sempiternels fruits de mer, il embarque le trio. La soirée se termine à *L'Apocalypse*. Les minettes s'agitent comme des malades sur la piste. Valérie a chaud. Se trémousser donne soif. Elle s'avance vers le bar quand un homme brun s'approche d'elle. Il s'appelle Laurent Zarade. Il a vingt-neuf ans, de jolies moustaches et tous les signes extérieurs de richesse, dont une montre Piaget en or du plus bel effet. Il baratine consciencieusement Valérie. Normal, il est là pour ça. Mais, une fois n'est pas coutume, son discours n'a rien de vulgaire. Il tente sa chance tout en restant poli et discret.

Laurent Zarade en a terminé avec les éloges flatteurs. Il va droit au but : il veut revoir Valérie, et le plus tôt sera le mieux. La jeune fille a une passion : collectionner un maximum de noms et de numéros de téléphone dans son carnet d'adresses. Elle pourrait décourager le dragueur avec une formule cinglante. Il ne l'inspire pas et elle sait déjà qu'elle ne le reverra pas. Mais elle ne résiste pas à l'envie d'ajouter son nom sur sa liste.

Encouragé du regard, l'homme déchire une page de son bel agenda Cartier, la coupe en deux ; sur la première moitié, il inscrit son téléphone, sur l'autre, le faux numéro que Valérie vient de lui donner. Il attend son appel, insiste-t-il avant de s'éloigner. Elle l'appellera, qu'il en soit sûr. Ce coup de fil qu'il recevra dans un mois résonnera comme un chant funèbre marquant le terme de sa vie...

12

Valérie Subra est sur le gril. Les questions de l'avocat général et du président se succèdent, se complètent, s'entrechoquent comme un rituel. Valérie acquiesce ou secoue la tête pour dire : « Non » ou : « Je ne me souviens pas. »

Elle reconnaît son goût pour le luxe, et un mépris certain pour ces meutes de mâles en chaleur qui la poursuivaient de leurs assiduités. Pour définir cette absence de sentiments qui l'amenait à jeter les hommes comme des Kleenex usagés, les psychiatres ont même parlé d'« amoralité ». Et c'est vrai qu'elle ne ressentait ni haine ni affection à l'égard de ces « vieux » qui allongeaient la monnaie. Elle éprouvait juste un total dédain. Leur parcours comme leurs états d'âme lui importaient peu. Valérie ne cherchait nullement à approfondir la relation (mais en était-elle capable ?). Ils n'étaient bons qu'à payer...

Comme les psychiatres sont de consciencieux fouineurs, ils ont analysé l'enfance de Valérie. Quelle image avait-elle de l'homme pour manifester tant de froideur ? Quelles furent ses relations avec le premier homme de sa vie, en l'occurrence son père ?

Pour un œil exercé, les questions des psychiatres sont toujours cousues de fil blanc. Valérie, avec son instinct de petit animal traqué, ne s'y est pas trompée. Elle n'aime pas que l'on fouille dans son passé. Elle aime passionnément sa maman, elle adore son papa. Pour le reste, basta ! Et que l'on ne vienne pas lui dire que sa mère collectionnait les aventures... Elle se fiche des péripéties amoureuses de sa maman. C'est une femme merveilleuse qui a toujours veillé sur elle avec un soin jaloux (ce qui est rigoureusement exact). Valérie ne supporte pas la moindre insinuation sur la vie privée de sa mère. Elle a eu plusieurs maris, plusieurs amants, et alors ?

Avec un courage qui confine à l'entêtement, Valérie la défend contre vents et marées. Non, elle n'a pas été traumatisée, si c'est ce que les psychiatres veulent savoir. Elle n'a jamais été choquée par la présence de ces hommes qui se succédaient. Ils étaient très gentils avec elle et ils la gâtaient, comme ils gâtaient sa maman. D'ailleurs, cette dernière travaillait. Elle n'avait pas besoin d'eux pour subvenir à ses besoins. Qu'elle ait pu accepter quelques cadeaux, c'est son affaire. Elle était libre et ne devait de comptes à personne. Voilà, c'est dit ! Et celui qui insiste se heurtera à l'agacement obstiné de Valérie.

Malheureusement pour Valérie Subra, le président comme l'avocat général sont là pour comprendre. Ce ne sont pas les mouvements d'humeur d'une criminelle qui peuvent les stopper dans leur quête de la vérité. Ils dévident le fil d'Ariane de son histoire avec minutie, n'omettant aucun détail, même les plus gênants. Et c'est ainsi que l'enfance de Valérie Subra remonte à la surface, révélant des zones d'ombre qui sont autant de symptômes...

C'est au printemps de l'année 1966 que Valérie voit le jour. Cette naissance, pour être désirée, n'arrange pas les relations de ses parents : Elisabeth et Jean-Paul Subra. Le couple bat de l'aile et, d'un commun accord, les époux décident de se séparer. Restée seule avec Valérie qui a six mois, Elisabeth s'installe chez ses parents dans l'Essonne. Elle travaille dans un préventorium et mène une existence tranquille au sein de sa famille.

Trois années s'écoulent. Elisabeth rencontre M. Chopin. Persuadée qu'il présente le profil du père idéal, elle l'épouse en 1969, mais divorce une année plus tard. Malgré ces aléas, Valérie, qui a cinq ans, est une poupée rieuse comblée d'affection. Son grand-père l'adore et sa grand-mère l'enveloppe d'un amour débordant.

En 1974, nouveau mariage, cette fois avec un ami d'enfance d'Elisabeth, M. Chauveau. Le couple quitte l'Essonne et emménage à Paris. Valérie, qui est âgée de neuf ans, a une demi-sœur de six mois, Angélique.

Comme Elisabeth a des principes d'éducation assez stricts, elle ne confie sa fille aînée qu'à des institutions religieuses. Sa scolarité suivant le rythme des déménagements (Valérie n'aura pas moins de onze domiciles différents), les appréciations de ses professeurs sont multiples et variées. La directrice de l'institut Anne-Marie-Jahouey, à Senlis, la trouve :

– Intelligente mais perturbée par la situation familiale de ses parents. Elle avait un caractère renfermé et supportait à la limite la discipline. Elle est partie en cours d'année sans achever sa quatrième...

Valérie est admise dans un collège pour y suivre une troisième chaotique. Interrogée à son sujet, la directrice de l'établissement ne garde pas un souvenir marquant de son ancienne élève :

– C'était une petite minette gentille et coquette dont le comportement n'avait rien d'anormal. Pour ce qui est de son travail, il était quasiment nul. Ne portant aucun intérêt à aucun cours, elle n'avait que des mauvaises notes. Sa moyenne en fin d'année était de 5,10 sur 20.

Il est clair que miss Subra ne se foule pas la rate... Elle n'a pas la bosse des maths, très peu de goût pour l'histoire-géo, encore moins pour la physique et la chimie. Le français peut-être... mais bon, pas de quoi envisager une licence de lettres. A tous ces pensums qui la fatiguent terriblement, elle préfère la chasse aux fringues, les petites virées entre copines, les soins de beauté. Sa mère, qui est maintenant secrétaire de direction, a beau lui serrer la vis, elle ne tire rien de cette adolescente qui, il faut bien le dire, a un magnifique poil dans la main...

Que lui manque-t-il pour secouer sa flemme et donner un indispensable coup de collier ? Sans doute l'autorité d'un homme. Mais, de ce côté-là aussi, les choses vont à vau-l'eau. Valérie a seize ans quand sa mère se sépare de son troisième mari. M. Chauveau décrira sa belle-fille comme :

– Une grande gosse complètement immature et inconsciente, mais qui avait un sacré petit caractère. Elle n'était pas influençable, étant plutôt du genre à prendre ses décisions elle-même.

Quelques mois plus tard, la mère de Valérie rencontre un nouveau compagnon, un ingénieur de quarante-six ans. D'emblée, il a un excellent contact avec Valérie qu'il se garderait bien, semble-t-il, de contrarier :

– C'était une gamine dans un corps de femme. Elle n'était ni violente, ni hargneuse, ni bagarreuse. Elle était polie, serviable et courtoise, pas du tout influençable, ayant un caractère bien trempé.

A deux reprises, des hommes qui ont vécu plusieurs années dans l'intimité de Valérie affirment qu'elle n'était pas « influençable ». Ce « petit » détail, apparemment très anodin, intéresse à plus d'un titre l'avocat général. Ainsi donc, la gamine avait du « caractère »... Bien sûr, les témoins ne disent pas que cela. Beaucoup y vont de leur couplet pour vanter ses louanges. Mais, pour M. Guilloux, cela importe peu. Il ne compte pas monter en épingle les qualités de l'accusée. En revanche, il est comblé que la jeune criminelle n'en ait jamais fait qu'à sa tête. Après une telle affirmation, comment Me Pelletier s'y prendra-t-il pour soutenir que Valérie Subra n'était qu'un jouet dans les mains de ses complices ?

Plutôt que d'enfoncer le clou et de revenir sur les dépositions, l'avocat général laisse filer. Pas la peine d'éveiller l'attention de la défense qui, de toute manière, s'emploie déjà depuis un certain temps à résoudre ce casse-tête.

Assise au fond de la salle, la mère de Valérie écoute avec attention. A côté d'elle, il y a son premier mari, Jean-Paul Subra. Lui aussi cherche à comprendre. Mais, en ce qui le concerne, qu'y a-t-il à comprendre ? Tout au plus peut-il constater les ravages d'une absence chronique dont Valérie a profondément souffert.

Ce n'est qu'à quinze ans, en 1981, qu'elle l'a rencontré pour la première fois. C'était à Chantilly, sur un quai de gare, à la descente d'un train. Dans la cohue des voyageurs qui se pressaient, qu'aurait-elle pu lui dire ? Qu'il lui avait toujours manqué ? Qu'elle l'aimait ? Les quelques instants qu'ils passèrent ensemble ne dissipèrent pas le malaise. L'entrevue s'acheva comme elle avait commencé : dans la bousculade. Elle laissa à Valérie le goût âpre d'une réalité qui n'avait pas été au niveau du rêve. Un inconnu avait surgi dans sa vie et il était reparti. Il n'y avait pas de quoi en faire un plat, ce n'était même pas la peine d'être déçue. Tout redevenait comme avant.

Cependant, il est des blessures qui cicatrisent mal. Valérie ne parvient pas à oublier cet homme qui est aussi son père. Un an après la scène de la gare, elle lui téléphone. M. Subra est ravi de ces retrouvailles. Il vit à Toulouse et il est chef de vente dans une société. Alors que, jusque-là, il avait toujours considéré les sept cents kilomètres qui le séparaient de sa fille comme un obstacle infranchissable – « en raison de l'éloignement, je n'avais jamais pu la voir » –, il se rappelle brusquement que l'avion existe. Quand Valérie atterrit à Blagnac, elle est accueillie comme l'enfant prodigue.

Ce voyage ne restera pas sans suites. A maintes reprises, Valérie repartira à la recherche de ses racines. Elle pensera même, avec l'accord de sa mère, à demeurer auprès de son père. Mais jamais elle ne passera à l'acte. Le jour où elle a définitivement renoncé à ce projet, le destin de Valérie a basculé. Recherchait-elle inconsciemment l'autorité d'un homme ? Quel avenir aurait-elle connu si elle s'était placée sous sa houlette ?

Loin de l'influence de son père, Valérie s'enlise dans le train-train parisien. Il y a le collège, la maison, les sorties du dimanche après-midi et les nombreux copains et copines qui peuplent sa vie. Ses petits camarades de lycée ne sont pas tous des sucres. Interrogés par les enquêteurs après les faits, ils n'y sont pas allés de main morte pour tailler un costume sur mesure à leur ancienne amie. Ainsi Martine, qui ne fait pas dans la dentelle :

– Ah oui, je la connaissais ! Une vraie teigne ! Son obsession, c'étaient les fringues et son acné. Elle se mettait des pots de crème sur la gueule pour cacher ses boutons. Elle allait même chez l'esthéticienne. Un jour, je lui ai balancé : « Tu ferais mieux d'aller chez le dermato, pauvre conne ! » Au lycée, il y avait des mecs assez B.C.B.G., elle n'arrêtait pas de les aguicher. Elle avait même enjôlé le pion. Il lui faisait ses devoirs. Dès que sa meilleure amie avait le dos tourné, Valérie cassait du sucre sur son dos.

Intuition féminine ou jalousie ? La dénommée Martine poursuit son travail d'équarrissage :

– Pour elle, le top du top, c'était d'avoir sa bouteille à *L'Elysées Mat'*. Une fois, pour faire enrager les copines, elle est venue se faire chercher au lycée par un mec en Rolls. Elle avait dû le pêcher un dimanche après-midi à *La Scala* ! Les études, ça ne l'intéressait pas. Elle voulait être actrice ou mannequin. Pourtant, elle était plutôt petite et ronde. Un jour, je lui ai lancé : « Eh, boudin, tu ferais mieux de te payer une cure d'amaigrissement ! »

La jeunesse, c'est bien connu, est sans pitié... Les

petites chéries ne se gênent pas pour s'envoyer des vérités bien senties en pleine poire. A ce jeu de massacre, Valérie, qui vit avec son temps, n'est pas en reste. Ses petits amis en voient de toutes les couleurs. Une de ses copines, étudiante en coiffure à l'époque, confirme :

– Il lui arrivait de donner des rendez-vous à des tas de mecs et de n'aller à aucun. Un soir, elle a demandé à son petit ami de l'attendre en bas de chez elle. Avec Valérie, nous étions dans sa chambre, lumière éteinte, en train de le guetter par la fenêtre. Il a fait le pied de grue sur le trottoir pendant trois quarts d'heure. Parfois, il l'appelait quatre ou cinq fois au téléphone. Chaque fois, elle lui raccrochait au nez en lui disant : « Je suis sûre que tu vas rappeler dans cinq minutes. » Et il rappelait.

Valérie a un minois ravissant, et elle le sait. Malgré les kilos en trop qu'elle trimbale comme une croix, elle plaît, et elle en est consciente. Avec les garçons, elle joue au jeu de la chatte et de la souris : un petit coup de patte par-ci, un joli coup de griffe par-là. Au gré de ses caprices, elle les prend, les jette, les rattrape. Au lieu de se sauver en courant, ses amoureux se traînent à ses pieds. Son système fonctionne au-delà de toute espérance.

Parfois, elle tombe sur un bec. L'éphèbe ne marche pas dans ses combines. C'est à son tour de se lamenter devant un téléphone qui refuse de sonner, d'attendre pendant des heures une improbable arrivée. Valérie, qui déteste qu'on lui fasse ce qu'elle fait si bien aux autres, supporte très mal l'affront. Elle boude, envoie promener les uns, se venge sur les autres. L'oiseau a un fichu caractère et le prouve.

Comme il est difficile d'être au four et au moulin, les résultats scolaires de Valérie atteignent la cote d'alerte. Elle rate son B.E.P.C., ce qui n'est pas vraiment une surprise. Comme il faut bien occuper son temps, elle choisit de s'inscrire dans une école d'esthéticienne. Les cours ne sont pas donnés, mais maman pourvoit à tout. Elle a même promis de lui louer un studio si elle réussit son C.A.P.

Dans l'ambiance des crèmes nutritives et des masques gommants, Valérie s'épanouit. La pince à épiler et le massage lymphatique n'ont bientôt plus de secret pour elle. Elle « adore » patouiller dans le fond de teint, étaler l'anti-cernes, redessiner un sourcil. Cette fois, ce n'est pas sur une page blanche qu'elle s'exprime mais sur du tissu humain, ce qui change tout. Elle apprend à reconnaître une peau grasse d'une peau mixte, à ne pas confondre un grain de beauté avec une tache de rousseur.

Evidemment, les dames qu'elle tripote avec application ne sont pas de la première eau. Si elles prêtent leur visage aux mains des apprenties sorcières, c'est un peu dans l'espoir de réparer des ans l'irréparable outrage et, beaucoup, par économie. Pour être papouillées à l'œil, les vieilles coquettes prennent des risques certains. Les petites demoiselles qui officient en blouse pastel ont parfois des gestes malheureux. Elles oublient la cire sur le feu et répandent le magma en fusion sur les jambes des victimes ou leur pourfendent l'œil avec la brosse à mascara. Bien sûr, elles s'excusent – tout en pouffant de rire –, ce qui ne change rien au désastre.

Malheureusement pour elle, Valérie n'exerce pas son talent sur des mannequins. Toutes ces peaux qui sentent la ménopause à pleins pores lui donnent la nausée. Elle déteste les chairs molles, les doubles mentons, les rides, précoces ou non. Si encore il suffisait de cacher le naufrage sous une bonne couche de crépi... Mais il faut « soigner », tripoter, suivre le manuel de la parfaite esthéticienne au pied de la lettre. Ce qui demande au préalable de l'avoir étudié... Et c'est là, de nouveau, que le bât blesse. Valérie a horreur de la théorie. Trafiquer les peaux flasques, passe encore, mais s'éreinter le cerveau à emmagasiner un savoir livresque, vraiment, c'est pas son truc. La preuve, ça la fatigue. Et quand on est crevée, ce n'est pas facile d'assurer le soir en boîte, même avec un maquillage qui confine au grand art...

Valérie rate son C.A.P. Reçue à la pratique (comme Sarraud quand il ambitionnait d'être pâtissier), elle échoue à la théorie. Exit l'esthéticienne, bonjour la vendeuse. Pas besoin d'être une intellectuelle pour vanter les mérites d'une jupe-culotte. En plus, Valérie a une passion pour les fringues. L'emploi de vendeuse qu'elle déniche rue du Caire est une aubaine. Finies les profs grincheuses, bienvenue sur le marché du travail !

Même payé au S.M.I.G., ce job est une bénédiction. Il arrive à point pour soustraire définitivement Valérie à l'emprise de sa mère. De toute façon, la gamine a grandi. Elle vient d'avoir dix-huit ans et est majeure depuis le 8 avril. Plus libre que l'air, elle se donne chaque soir comme une bête sur les pistes du *Martin's* ou de *La Scala*.

Depuis un an, Pascal, son petit ami, réussit l'exploit d'être son amoureux en titre. Le bel oiseau a beau veiller au grain, la petite biche lui échappe comme du sable entre les doigts. Valérie traîne régulièrement ses bottines aux *Jardins* et s'éloigne chaque jour un peu plus. Pascal, qui la surveille tout de même comme le lait sur le feu, l'emmène souvent à *La Terrasse*, le fameux café de Saint-Mandé.

Dans le lot des garçons et des filles qui les accueillent, il y a Jean-Rémy Sarraud et Laurent Hattab. Ce dernier, justement, vient de quitter Sophie Nedjar, sa petite fiancée. Sa soudaine liberté donne des idées à Valérie. Elle plaque Pascal et devient la favorite en titre.

Sophie, perfide, ne mâche pas ses mots pour accabler la vipère qu'elle a réchauffée dans son sein :

– Nous n'avions pas cessé de nous aimer, mais quand Valérie a appris notre rupture, elle s'est aussitôt donnée à Laurent. Ce faisant, elle a précipité notre séparation qui, sans elle, n'aurait pas duré un mois. Je savais qu'elle avait toujours été en extase devant lui, mais j'ai été déçue et blessée dans ma fierté...

Le destin de Valérie Subra est désormais en marche...

13

C'est une nuit d'octobre, au *Martin's*, que Valérie tombe dans les bras de Laurent. Sans difficulté, elle s'offre le soir même et lui donne ce qu'elle refuse si habilement aux amis de M. Paul.

Laurent le Magnifique, comme on le sait, a tout pour la séduire. Il assure « un max » et a assez d'autorité pour ne pas se laisser déborder par Valérie qu'il surnomme affectueusement « bouboule » ou « gros cul ». Ce qu'elle ignore, c'est que son nouvel amoureux est en chasse. Depuis quelques semaines, il cogite dur avec l'ami Sarraud qui avouera plus tard :

– A l'époque, je ne travaillais pas et Laurent non plus. Tous les deux, nous avions besoin d'argent. Laurent a émis l'idée que l'on fasse quelque chose. Par exemple cambrioler. Mais on ne savait pas trop exactement...

A défaut de choisir leur nouveau secteur d'activité, les jeunes gens décident de s'équiper. Au magasin *Armes Bastille,* dans le 4e arrondissement de Paris, ils achètent une matraque télescopique et un revolver à grenaille. Pour faire bonne mesure, Laurent acquiert chez un marchand de cycles deux paires de gants en soie et deux cagoules noires. A l'emplacement des yeux, il y a deux orifices bordés d'un liséré rouge. L'ensemble est saisissant, digne d'un polar.

Les garçons ont beau être sur le pied de guerre, leur objectif est encore à l'état de projet. Pour passer à l'action, il leur manque une idée juteuse...

Au *Martin's*, Valérie attaque le quart d'heure des slows. Entre deux baisers fougueux, Laurent lui explique son plan. Il attaque en souplesse, fait miroiter le fameux rêve américain :

– Ça te plairait de partir aux States ? Avec Sarraud, on veut monter là-bas une affaire de confection.

Pour une nouvelle, c'est une nouvelle ! La minette est « flashée ». Les Etats-Unis, quelle histoire ! Elle réfléchit (pas longtemps), gagne du temps :

– Bah, oui, pourquoi pas ?

Laurent caresse avec application la chevelure brune. Nouveau baiser et, dans la foulée :

– Faut du fric pour partir en Amérique. Tu veux en gagner avec moi ?

– Oui, mais...

Laurent laisse tomber le slow et entraîne Valérie sur la terrasse de la boîte. L'endroit est idéal pour une déclaration d'amour, malheureusement, Laurent a d'autres préoccupations immédiates...

– Pour monter une affaire, il faut du pèze. Tu le sais, ça ?

Valérie n'est pas un cerveau, mais il y a des limites... Il la prend pour une demeurée ou quoi ? Laurent poursuit :

– Tu m'as dit que tu fréquentais des boîtes « chics ». Des mecs « blindés », t'en connais plein. Alors, c'est simple, tu vas nous aider à les braquer. Avec Jean-Rémy, on piquera l'oseille. Tu connais des types pleins aux as qui ont un coffre chez eux ?

Le ciel tombe sur la tête de Valérie. Elle s'attendait à tout mais certainement pas à cela... Cette histoire est si soudaine, si imprévue... Fébrilement, elle cherche une réponse plausible, ne trouve pas grand-chose à répliquer :

– Je ne sais pas... Peut-être... C'est délicat.

C'est même plus que délicat, carrément incroyable. Valérie est une minette écervelée avec des sautes d'humeur et des caprices, mais ce n'est pas une voleuse. Son ambition n'est pas de piquer le fric mais de le gagner. Evidemment, si un pigeon passe à proximité, elle ne crache pas sur une invitation ou un cadeau, mais de là à agresser le pauvre monde, faut pas pousser... Désarçonnée, elle tente de rassembler ses idées. Ce plan la dépasse.

Laurent met la pédale douce. Il ne revient pas sur son idée de braquage, mais se lance dans l'évocation des Etats-Unis, ce pays « de folie » où les billets verts se ramassent à la pelle. Son discours a des parfums de ruée vers l'or. Là-bas, c'est sûr, ils feront fortune. Ils s'installeront à New York ou à San Francisco, amasseront les pépites comme de vrais pionniers. C'est si beau, l'Amérique, si loin, si prometteur ! Laurent y croit tellement qu'au petit matin il repart dans son délire sur l'oreiller. Nichée au creux de son bras, Valérie écoute son amant rêver. Peut-être finit-elle par y croire aussi. Dis, c'est encore loin, l'Amérique ?

Régulièrement, Laurent relance Valérie. Leurs soirées sont tendres, très tendres, mais se terminent invariablement par le même avertissement de la part de Hattab :

– Dès que tu trouves un type qui fait l'affaire, préviens-moi.

Au fil des jours, le projet prend forme. Sarraud racontera à la juge d'instruction :

– Nous avions imaginé que Valérie s'arrangerait pour obtenir un rendez-vous au domicile de l'une de ses riches relations. Le soir, il fallait qu'elle entraîne son hôte dans sa chambre en se servant de ses charmes. Quant à nous, nous devions entrer armés et masqués dans l'appartement et braquer l'homme et Valérie, pour donner le change. A ce moment, nous devions obliger l'homme à nous filer son argent liquide...

Ce scénario ne manque pas de sel mais présente bien des invraisemblances. Si le trio avait un peu de plomb dans la tête, il s'apercevrait que son plan est irréalisable. Même si les deux compères parviennent à dépouiller leur victime et à s'enfuir, l'agressé ne restera pas inactif. Il appellera forcément la police et Valérie sera interrogée. Combien de temps résistera-t-elle aux multiples questions des inspecteurs ? Comment réagira-t-elle quand ils la mettront en face de ses contradictions ?

La seule chose que le trio ait comprise, c'est que Valérie Subra « ne peut servir deux fois. Il nous faut plusieurs filles, plusieurs chèvres ».

Les garçons décident donc de trouver de nouvelles recrues. Hattab se souvient de Sandrine Mimoun, une ancienne employée du *Tee-for-two*. La fille est jeune et jolie et, comme par hasard, elle est au chômage, pour ne pas dire à la rue. C'est dans l'atelier en ruine de son père que Laurent lui explique son plan.

Le projet s'est quelque peu modifié. Sandrine facilitera la tâche de Valérie. Pendant que l'une des deux « amusera » l'homme dans la chambre, l'autre ouvrira la porte aux garçons. Ce sera Jean-Rémy qui « interrogera » la victime. Comment ? Pour l'instant, ils n'en savent trop rien. Ils improviseront dans le feu de l'action. Et l'argent ? C'est important, l'argent, c'est même le but de la manœuvre. Le fric sera partagé à égalité ou... par couples. Car Laurent fait dans l'agence matrimoniale. Il ne lui déplairait pas que Sandrine devienne la petite amie de Sarraud, histoire, sans doute, de resserrer les liens...

Valérie ne voit pas d'inconvénient à jouer les amantes religieuses, mais elle s'étonne d'agir en même temps que Sandrine. Comment feront-elles à la seconde agression si elles « servent » toutes les deux dans le premier coup ?

Bonne question, Valérie, merci de l'avoir posée, mais Hattab ne semble pas prêt à résoudre l'énigme :

– On portera des masques, affirme-t-il.

Têtue, Valérie s'obstine :

– Oui, mais nous, on n'aura pas de masques...

Décidément, elle fait tout pour le contrarier... Laurent repousse le problème :

– On trouvera une solution !

Cela fait beaucoup de solutions à trouver dans le vif de l'action...

Valérie va désormais mettre beaucoup d'ardeur à trouver des victimes potentielles. Il faut dire que Laurent la harcèle et ne cesse de lui répéter qu'il n'y a plus une minute à perdre. Le couple habite avec Sarraud à Courbevoie. L'appartement leur a été prêté par le compagnon de la mère de Valérie Subra. Mais régulièrement, la jeune fille court se réfugier chez maman, rue Wagner, près de la Bastille.

Elle fréquente toujours avec assiduité *Les Jardins de La Boétie*, continue de sourire et d'enjôler, mais son regard sur les hommes n'est plus le même. Elle se fiche pas mal qu'Un tel soit imprésario ou journaliste. Une seule chose la préoccupe : sa fortune...

14

Le mois de novembre 1988 touche à sa fin. Alors que Valérie pousse une fois de plus la porte des *Jardins*, elle remarque un habitué qui lui barre le passage. M. Paul, auquel rien n'échappe, se précipite :

– Viens ici, bébé, que je te présente mon grand ami Gérard...

Pour une fois, Paul n'exagère pas. Il connaît en effet Me Gérard Lelaidier depuis quinze ans. Sans être l'un de ses proches, il l'a croisé plus d'une fois dans des dîners et le traite toujours comme un roi quand il vient au restaurant.

Bébé tend sa joue, reçoit deux baisers appuyés. L'avocat fait ses grâces avec la bénédiction de M. Paul qui en connaît un rayon sur l'art et la manière de charmer les demoiselles. Comme il ne faut pas compter sur Valérie pour alimenter la conversation, le public relations se lance :

– Elle cherche du travail, explique-t-il, elle voudrait être mannequin ou tourner dans un film...

Me Lelaidier sait très bien faire du cinéma, c'est même son métier. Les beautés qui rêvent de devenir des stars n'ont pas de secret pour lui. Il leur promet monts et merveilles, et quand les chéries ont mordu à l'hameçon, il leur taille des rôles sur mesure dans sa chambre à coucher. Pour lui, comme disait Guy

Bedos, dans son sketch « La Drague », les gonzesses, c'est pas compliqué...

Car l'avocat est un séducteur impénitent. Il collectionne les nanas comme d'autres les porte-clés. Rien ne l'excite plus que de se montrer en compagnie d'une jolie fille. Peu importe d'ailleurs qu'elle soit shampouineuse ou manucure. Ce qui compte, c'est la plastique. La petite merveille doit être bien roulée et, de préférence, peu farouche. Car la chambre à coucher de Me Lelaidier n'est qu'un premier stade. Si la fille est reçue à son examen de passage, un grand avenir lui est offert dans les « soirées » privées...

Mais, tel Janus, le dieu romain aux deux visages, Me Gérard Lelaidier n'est pas qu'un partouzard assoiffé de stupre et de débauche. Dans le « civil », l'avocat est spécialisé dans les divorces et les accidents de la route. En la matière, c'est même un « artiste », ainsi que le souligne son ancien associé, Me Soulez-Larivière.

En dépit de son talent en matière de collisions, ses revenus ne suivent pas toujours une courbe croissante. Son compte en banque est souvent dans le rouge. Parfois même si mal en point que l'avocat est obligé de changer de domicile pour éviter de payer un loyer trop important. Bien qu'il tienne à son standing comme à la prunelle de ses yeux, il refuse pourtant les causes qu'il juge « indéfendables ». En particulier celles des trafiquants de drogue. En guise de justification, il affirme :

– Je ne défends pas les gens qui sèment la mort chez les jeunes.

Pour le seconder dans son travail, il se repose sur Françoise Nicouleau, une femme d'une soixantaine d'années, au maintien impeccable. Humain et compréhensif, il la traite avec les égards dus à son âge et à sa situation familiale. Quand la mère de Mme Nicouleau est atteinte d'un cancer, il permet à son employée de délaisser le cabinet et de se rendre chaque jour à son chevet. Dans la profession, le geste est assez rare pour mériter d'être souligné...

En dehors de son métier d'avocat et de ses sorties nocturnes, Me Lelaidier a deux centres d'intérêt : sa mère et son fils.

Emilienne Lelaidier est une vieille dame qui vit seule près de Dreux, dans une maison que lui a d'ailleurs offerte Gérard. Son fils et son petit-fils sont ses deux amours et ils lui rendent bien son affection. Chaque soir, avec une précision de métronome, Me Lelaidier appelle sa maman. Il lui raconte ses conquêtes, ses fiancées en titre, son emploi du temps, mais, question de respect, reste discret sur ses fantaisies sexuelles.

Séparé de sa femme depuis une dizaine d'années, l'avocat entoure son fils de douze ans d'un soin vigilant. Le mardi et le vendredi soir, il va chercher Gabriel qui est en pension dans la banlieue Sud. Cette habitude n'est pas pour lui une corvée mais un plaisir. Il adore son petit garçon et est un vrai papa gâteau. Ce qui ne l'empêche pas de demeurer un original, un touche-à-tout qui s'exprime dans les domaines les plus inattendus.

Après avoir fondé une agence matrimoniale pour homosexuels qui a connu un succès certain, il rédige, avec l'aide d'un nègre, un roman qui, espère-t-il, le remettra en grâce auprès de sa banque... Car le monde de la nuit est vorace et lui coûte beaucoup d'argent. Pour séduire, il doit savoir se montrer généreux. Gérard Lelaidier n'est pas un monstre, mais à son âge, le physique ne suffit plus...

A cinquante ans bien sonnés, ce petit homme d'un mètre soixante-cinq au garrot a toujours les yeux aussi bleus. Mais ce n'est pas le regard qui pèche, c'est plutôt le cheveu. Il a bien essayé les implants, mais le résultat n'a pas été à la hauteur de ses ambitions. Il s'est donc résolu, la mort dans l'âme, à porter une perruque. Sa vision est un rappel pathétique du temps qui passe, mais là n'est pas son moindre défaut. En pleine action, la stabilité du postiche demeure précaire...

C'est donc coiffé de cette parure, habillé simplement d'un jean et d'une chemise au col ouvert, que le destin de Gérard Lelaidier croise, pour son malheur, celui de Valérie Subra. Prolixe, l'avocat l'invite à sa table et entreprend immédiatement un formidable « rentre-dedans ». Il appelle la petite « mon bébé », « mon poussin » et cherche à se placer. Mais, comme chaque fois, Valérie esquive l'assaut. Elle n'accepte que le repas et une carte de visite. On ne sait jamais, cela peut servir...

15

A l'horloge de la cour d'assises, les heures défilent. Elles sont le seul lien avec l'extérieur, avec ce monde qui continue de s'agiter loin, très loin... de l'autre côté de la rue.

C'est maintenant au tour des psychiatres de témoigner. Ils racontent longuement dans quelles circonstances ils ont été amenés à examiner les accusés. Ils reviennent aussi sur leur enfance, ce qui n'apprend rien à personne, mais lasse considérablement. Enfin, ils entrent dans le vif du sujet et énoncent leurs conclusions.

Bien que la psychiatrie ne soit pas – et loin s'en faut – une science exacte, la cour attend des experts des réponses définitives. Ils doivent se prononcer sur trois questions que les plus sincères d'entre eux appellent des « questions impossibles », à savoir : L'accusé était-il en état de démence au moment des faits (article 64 du Code pénal) ? Est-il accessible à une sanction pénale ? Est-il curable et réadaptable ?

La première question est déjà, à elle seule, tout un poème... Si Sarraud, Hattab ou Valérie Subra avaient été en « état de démence au moment des faits », ils ne seraient pas dans le box de la cour d'assises mais dans une cellule capitonnée. Leur présence dans ce lieu est donc une réponse en elle-même.

Il faut savoir que, en France, très peu de criminels bénéficient de l'article 64. Pour être déclaré irresponsable, il ne suffit pas d'avoir agi dans un moment de folie et de ne plus se souvenir de la scène. Pour les psychiatres, qui sont avant tout des auxiliaires de justice, un assassin qui s'interroge sur ses actes est un être relativement sain d'esprit. Puisqu'il raisonne, il est doué de raison et donc pas complètement cinglé...

En 1988, il n'existe pas encore pour les experts d'état intermédiaire. Le « vrai » fou est celui qui se promène avec une passoire sur la tête et qui se prend pour Napoléon. Ce partage tranché entre la folie et la normalité a été à l'origine de bien des absurdités. Combien de débiles patentés se sont-ils retrouvés devant des juges qui avaient toutes les peines du monde à leur faire décliner leur identité...

Etre classé « irresponsable » n'est pourtant pas un cadeau... L'article 64 est un billet aller pour l'asile. Le retour n'est pas compris dans le forfait et se résume – en principe – à un point d'interrogation perdu dans la nuit des temps. Asile n'est d'ailleurs pas le terme adéquat. Les fous criminels vont dans une centrale de force, ce qui signifie qu'ils sont enfermés dans un asile qui est lui-même enserré dans une prison. C'est le principe de la poupée gigogne.

Et les simulateurs, direz-vous ? Ceux qui jouent aux dingues en espérant échapper au juste châtiment ? D'abord, il n'est pas si simple d'abuser un collège d'experts qui multiplient les entretiens et les tests d'intelligence. Ensuite, si le tricheur parvient à ses fins, il ne troque jamais que le purgatoire contre l'enfer.

Dans une centrale de force, le prisonnier n'a pas seulement affaire aux barreaux et aux matons. Il doit aussi compter avec les « soins », un terme pudique qui va de l'électrochoc à la camisole chimique. Mais le plus grand danger ne vient pas de ces drogues qu'il avale à longueur de journée. Le pire, pour un être « normal », ce sont les codétenus. Car eux sont bien fous et, à n'importe quel moment, pour n'importe quel prétexte, ils peuvent lui trancher la gorge ou lui ouvrir le ventre. Sans raison, comme leur état l'indique. D'où l'intérêt, quand on est sain d'esprit dans un monde de jobards, de raser les murs et de prier le ciel pour que l'administration pénitentiaire fouille les cellules avec application.

Autre question posée aux experts qui ne recueille pas l'approbation de toute la profession : l'accusé est-il curable et réadaptable ?

Sans être normands, tous les psychiatres un peu sérieux répondent : « P't-être ben que oui, p't-être ben que non. » Allez savoir, en l'état actuel des connaissances, si un homme qui a tué père et mère dans un moment de folie sera « guéri » demain ou dans quinze ans... Et même si les blouses blanches le croient réellement, sera-t-il apte pour autant à reprendre une place « normale » dans la société ?

Incapables de se prononcer objectivement, les psychiatres se retrouvent dans la situation du turfiste qui est obligé de parier et qui choisit la solution la moins mauvaise, ayant à cœur de ménager la chèvre et le chou.

Vont-ils ménager Laurent Hattab dont l'enfance dorée en a révulsé plus d'un ? Avant de trancher, les médecins se prononcent sur son intelligence :

– Normale, mais limitée dans ses capacités de mémorisation, d'abstraction et de synthèse. (On se demande ce qu'il reste...)

Ils ajoutent, ce que tout le monde savait déjà :

– Ses parents l'ont trop gâté et materné. Ils lui ont enlevé tout sens des responsabilités.

Le comportement de Hattab vis-à-vis des meurtres qu'il a commis est plus instructif :

– Au cours de l'entretien, il se plaint qu'on se permette de lui parler des faits : « J'ai envie de pleurer, je ne peux pas me rappeler des souvenirs comme ça... » et il fond en larmes... Il essaie d'interrompre l'entretien, dit qu'on le torture par des questions qui lui déplaisent. Il est si perturbé qu'il se considère comme une victime très à plaindre. Cette attitude contraste avec son insensibilité à l'égard de ce qu'ont pu subir ses propres victimes. Cette attitude irresponsable et égocentrique correspond à un état infantile. Les enfants ne réalisent pas la gravité des douleurs qu'ils infligent à autrui, étant dans l'incapacité de se mettre à leur place...

C'est maintenant au tour de Sarraud de s'entendre débiter des vérités bien senties :

– On trouve chez lui des traits de personnalité psychopathique : il est instable, impulsif, colérique, prend des décisions sur un coup de tête... Tout en reconnaissant les actes qui lui sont reprochés, le sujet a tendance à les minimiser et paraît extérieurement froid. De sorte que l'on peut s'interroger sur une possibilité de perversion avec passage à l'acte par plaisir de faire souffrir autrui... Cependant, on constate, malgré cette apparente froideur, une certaine émotion, si l'on en juge par l'accélération considérable de son pouls à cent trente pulsations par minute lors de l'examen.

Les experts n'épargnent pas plus Valérie Subra :

– Sa personnalité est peu structurée, caractérisée par une absence de goût pour l'effort, un manque de persévérance et une affectivité immature. Il en résulte une certaine amoralité et un égocentrisme à la limite de la perversion. Ce qui la rend parfaitement indifférente à autrui et lui permet d'envisager des actions criminelles qui ne lui causent aucun sentiment de culpabilité. Elle accepte de s'exprimer sans réticence sur ces actions, mais refuse d'évoquer sa conduite sexuelle et son comportement très libre, visiblement plus choquée d'être suspectée de prostitution, même occasionnelle, que de participation à des assassinats.

Ce sous-entendu sur la vie sexuelle de Valérie Subra n'est pas du goût de Me Jean-Louis Pelletier.

Il se lève lentement, se plante à un mètre de l'expert et demande, sans émotion apparente :

– Pourquoi, dans votre rapport, parlez-vous de prostitution ?

En formulant cette question, l'avocat sait très bien où il va. En matière d'interrogatoire, il a un principe absolu : ne jamais poser une question dont il ne connaît pas à l'avance la réponse...

Mme l'expert marche sur des œufs. Elle précise avec bienveillance :

– Disons qu'il y a une libération des mœurs... Valérie Subra refuse de parler de sa conduite sexuelle et de son comportement très libre...

– Qu'est-ce qui vous permet d'affirmer que son comportement était très libre ? reprend Me Pelletier en donnant de la voix.

M. Guilloux, auquel on ne demande rien, y va de son appréciation :

– Autrefois, on appelait ce genre de filles des « cocottes »...

L'échange s'envenime. L'expert, une femme aux cheveux blancs d'une soixantaine d'années, laisse les deux hommes s'empoigner. Avec ses confrères, elle a décidé que Sarraud avait une responsabilité entière, et ce malgré « quelques traits psychopathiques » prouvant qu'il n'est pas totalement « normal ». En revanche, Valérie Subra et Laurent Hattab ont droit à « une atténuation de la responsabilité en raison de leur immaturité affective ».

Cette petite fleur offerte au duo infernal agace prodigieusement M. Guilloux et Me Francis Szpiner, avocat de l'une des victimes.

– Alors, s'exclame l'avocat général, la psychopathie est moins grave que l'immaturité affective ?

Prudente, l'expert reste dans le flou :

– Nous n'avons pas dit cela...

– Pourquoi Sarraud, le psychopathe, n'a-t-il pas le bénéfice d'une atténuation de la responsabilité ?

La question mérite bien un petit moment de réflexion. Les minutes s'écoulent et personne ne voit la fin des ruminations de l'expert. Me Szpiner change son fusil d'épaule :

– Comment pouvez-vous parler d'atténuation de la responsabilité chez Hattab ?

– Il pleure, précise la psychiatre, il se considère comme une victime très à plaindre.

– Je ne vois pas en quoi ses larmes constituent une atténuation de sa responsabilité ! rugit Me Szpiner.

Prise de court, l'expert a du mal à préciser sa pensée :

– Euh...

– Euh... ironise Me Szpiner, provoquant l'hilarité générale.

Confronté au mutisme embarrassé de son interlocutrice, il conclut, avec hauteur :

– L'expert est incapable de dire pourquoi Hattab a droit à une atténuation de responsabilité.

Cette scène, pour savoureuse qu'elle soit, n'a que peu d'importance. Si l'intrusion du psychiatre dans la cour d'assises a été un réel progrès – pour la première fois, des hommes s'attachaient à la personnalité du criminel plutôt qu'aux actes qu'il avait commis –, ses conclusions sont souvent classées sans suite par les juges.

Qu'un expert aide à comprendre les méandres d'une personnalité, parfait, mais de là à prôner l'indulgence au nom d'un dérèglement quelconque, faut pas rêver... Etant donné que, de toute manière, les jurés français se méfient comme de la peste de ces empêcheurs de penser en rond, la symbiose avec la cour est parfaite. Que les psychiatres expliquent, c'est très bien, mais que leur baratin atténue la noirceur des crimes, il ne faut pas y songer.

Evidemment, quand leurs explications accablent le pécheur et le chargent de toutes les tares du monde, les juges virent à cent quatre-vingts degrés. Comme par un coup de baguette magique, le prêchi-prêcha de l'expert est une référence absolue. Ses précisions techniques, qui étaient du chinois quelques minutes auparavant, deviennent d'une clarté limpide... En résumé, les conclusions d'un expert psychiatre sont parole d'évangile quand elles servent l'accusation. Sorti de là, elles influent très rarement sur l'estimation de la peine.

Si l'avocat général et la partie civile se sont indignés que Sarraud ne bénéficie pas d'une atténuation de la responsabilité, ce n'est pas pour prendre subitement la défense de ses intérêts. Son avocat est là pour ça et il est censé le faire très bien. Ce que l'accusation admet mal, c'est de ne pas voir les trois accusés traités à égalité. Si Sarraud est le seul à avoir tous les torts, les deux autres en ont moins et sont donc moins coupables que lui (C.Q.F.D.). Cette évidence est la porte ouverte à une possible indulgence que les jurés pourraient manifester au moment du verdict...

C'est donc pour couper l'herbe sous le pied aux avocats de Subra et de Hattab que M. Guilloux s'est élevé contre les conclusions de l'expert. Il lui semblerait impensable que les criminels, unis dans l'horreur, ne le soient pas aussi dans la sanction...

Pour René Besso – l'industriel qui avait accueilli Valérie Subra la première fois aux *Jardins de La Boétie* –, l'horreur sera de découvrir, un matin de décembre, le portrait de la jeune fille à la une de son journal. Sidéré, il s'aperçoit ce jour-là qu'il a échappé de justesse au massacre. En fouillant ses souvenirs, il reconstitue alors la soirée du 26 novembre 1984...

16

Valérie et Sandrine sont sur le pied de guerre. Elles doivent absolument trouver une victime. Valérie se souvient de René Besso, de sa super-bagnole et de son appartement qui ressemblait au château de Versailles. Sur le conseil de Hattab, elle lui téléphone, et, très vite, Besso gare son carrosse en bas de sa masure.

Direction : *Le Pastel,* un restaurant des Halles où les attend un ami. Coup de chance, le copain donne dans la fripe. Après le dîner, les nymphettes acceptent un gentil présent. Sandrine choisit une jupe en cuir noir pendant que Valérie hésite. Elle voulait un blouson et, pas de bol, il n'y en a pas en stock. Ce sera pour une autre fois...

Après la folle fête, la folle nuit. C'est du moins ce qu'espèrent les don Juans. Sans difficultés majeures, Sandrine et Valérie pénètrent dans l'imposant hôtel particulier. Elles s'affalent dans les canapés, se déchaînent sur les boissons fraîches, s'amusent comme des petites folles, mais en restent là.

Pour la seconde fois, René Besso se rend à l'évidence : Valérie ne veut pas « coucher » *(bis)* et sa copine itou. Pas rancunier (il commence à avoir l'habitude), il dépose les têtes de mule à *L'Aventure,* une boîte de l'avenue de Wagram.

Le lendemain de cette douche mémorable, les filles font un compte rendu fidèle de la soirée à Laurent Hattab. Sandrine, qui semble la plus mûre du groupe, est angoissée. Trop de gens les ont vues en compagnie de René Besso. En plus, Valérie, complètement inconsciente, a laissé ses coordonnées à l'ami de l'industriel.

Laurent s'excite sérieusement. Ce n'est pas possible, Valérie est « tarée » ! C'est tout ce qu'elle a inventé pour les faire repérer ? Le couple s'engueule copieusement, puis Hattab change de sujet. C'est préférable, il risquerait de s'énerver...

L'appartement, comment est-il ? Grand ? C'est déjà ça. Sandrine a noté la présence d'un système d'alarme. Et Valérie, qu'a-t-elle vu ? Des tableaux ! Il s'en moque, Hattab, des tableaux ! Il ne va pas traverser l'Atlantique avec des toiles de maître sur le dos ! Et l'oseille ? Elle croit qu'il y a de l'argent ? Elle n'en sait rien, bien sûr ! Fric ou pas, la bande décide de s'ébranler trois jours plus tard.

Le 29 novembre, Valérie se pend à son téléphone et promet à René de revenir pour la bonne cause. Elle amènera même ses petites affaires pour la nuit, c'est dire si elle est décidée... Incorrigible, René qui, vu l'époque, croit sans doute au père Noël, accepte un rendez-vous dans Paris pour le lendemain soir. Ponctuelle, Valérie débarque à l'heure convenue, mais en compagnie de Sandrine. Pour que l'industriel ne s'étonne pas de cette présence, elle lui chuchote à l'oreille qu'il plaît beaucoup à sa copine et que, dans certaines circonstances, être trois présente bien des avantages...

Pour être séducteur, René n'en est pas moins homme et, à 9 heures du soir, l'homme a faim. Il propose un « restau », ce qui n'enchante pas Valérie. Les garçons risquent d'attendre longtemps sur le trottoir... Sandrine, muette comme une carpe, fait une drôle de bobine. Profitant d'une brève absence de René, elle souffle à Valérie :

– C'est de la folie, cette histoire... Tout le monde nous a vues avec lui. Il faut tout arrêter.

Pas le temps de s'appesantir sur le sujet. Besso les embarque dans sa belle Jaguar. Ils s'arrêtent à son appartement quelques minutes afin que Valérie dépose son sac de voyage.

Dans l'entrée, elle remarque un boîtier électrique sur le mur :

– C'est quoi, ce truc ?

– Un système d'alarme.

– Eh bien, tu es rudement protégé !

Besso ne résiste pas au plaisir d'en rajouter :

– Il y a même une caméra... Souriez, mesdemoiselles, vous êtes filmées !

Bien loin de sourire, Valérie et Sandrine deviennent vertes. Pour dissimuler leur trouble, elles se réfugient dans la salle de bains. Il faut prévenir les garçons, et vite ! Quand elles sortent, pomponnées comme des déesses, leur plan est arrêté.

Valérie demande une cigarette à René. Il ne fume que des Gitanes pures et dures. Elle fait la grimace.

– T'as pas une Kool ? Non ? Je vais en acheter...

– C'est pas la peine, tu en achèteras au restaurant.

Valérie se rue sur la porte. René la rappelle :

– Eh, chérie, ne pars pas comme ça. La porte cochère ferme à clé, prends mon trousseau...

Valérie se précipite dans l'escalier, traverse le hall en courant et insinue la clé dans la lourde porte. Une voix criarde la fait sursauter :

– Dites donc, vous, qui vous a donné la clé de la maison ?

C'est la concierge qui monte la garde et vient aux nouvelles. Valérie balbutie quelques mots. La bigneule hausse le ton. La tentative d'explication tourne au vinaigre. Valérie plante la virago et court dans la rue. Quelques mètres plus loin, Hattab attend au volant d'une Lancia. Il a eu un accident quelques jours auparavant et l'Alfa Romeo est en miettes. Le garagiste lui a prêté la Lancia pour le dépanner. Valérie arrive à sa hauteur, lance, essoufflée :

– C'est pas bon ! Il y a des caméras et la concierge m'a engueulée. Je remonte chercher Sandrine.

Dans le grand salon, René travaille en douceur la chère Sandrine. Cette histoire de cigarettes mentholées est une aubaine. Comme il n'y a pas un bureau de tabac dans le quartier, Marie caprice ne risque pas de revenir de sitôt. Question à cent francs : comment un homme et une femme peuvent-ils occuper leur temps quand ils veulent tromper l'attente ? La devinette est subtile, le séducteur nettement moins. Il tâte le terrain avec finesse :

– Valérie m'a dit que tu étais d'accord pour passer la nuit à trois, c'est vrai ?

Sandrine, qui a la tête à tout sauf à la bagatelle, acquiesce d'un air évasif. René, direct, propose sans détour :

– Si on doit passer la nuit à trois, pourquoi ne pas commencer maintenant à deux ?

Pendant que Sandrine se demande comment elle va sortir de ce guêpier, Valérie refait surface.

Pas vraiment ravi d'être dérangé en pleines manœuvres d'abordage, René s'étonne de ce retour anticipé. La chevelure en bataille, Valérie empoigne son sac :

– J'ai été traitée de pute par une dingue dans la rue. J'en ai marre, je m'en vais.

Sans attendre, elle claque la porte et laisse Sandrine se débrouiller.

Cet intermède n'a pas découragé l'industriel qui, en homme pratique, reprend les choses là où il les avait laissées...

– Elle n'est pas claire, ta copine...

Sandrine en est intimement persuadée, mais elle se garde bien d'abonder dans ce sens. L'autre, œil de velours et mains câlines, susurre :

– Ce n'est quand même pas une raison pour se gâcher la soirée, si tu vois ce que je veux dire...

La jeune fille voit très bien, et c'est ce qui l'inquiète... René se rapproche de sa future conquête et, avec une voix de crooner, glisse :

– Tu restes avec moi ce soir ?

Sandrine bondit comme si un serpent à sonnette l'avait piquée.

– C'est pas possible, je ne peux pas laisser Valérie. Il faut que je la rejoigne !

Elle s'en va à son tour. René est « séché ». Ces nanas sont complètement cinglées ! Et bizarres, avec ça... Tellement bizarres, qu'il décide de voir où elles sont passées. Il monte dans sa Jaguar, inspecte la rue, tourne autour du parc Monceau. Les deux monstresses se sont volatilisées.

Les petites chéries n'ont pas disparu d'un coup de baguette magique. Elles sont dans la voiture de Hattab qui, c'est le moins que l'on puisse dire, ne manifeste pas une humeur délicieuse... Sandrine va droit au but :

– Vous êtes fous ! C'est pas la peine, je ne marche pas dans vos combines !

Pendant que la bande des quatre règle ses comptes, René, un peu désœuvré, décide de se rendre à une soirée. Quand il arrive, l'ambiance est déjà chaude. Parmi les invités, il reconnaît son grand ami Gérard Lelaidier. Embrassades, sourires complices, confidences très intimes. René Besso a intérêt à bien profiter de sa présence. L'avocat n'a plus que sept jours à vivre...

Une semaine plus tard, le 7 décembre 1984, à l'atelier du boulevard de Sébastopol, la carte de visite que Me Gérard Lelaidier avait donnée à Valérie aux *Jardins de La Boétie* a enfin une utilité.

Sous le regard impatient de Laurent Hattab, Valérie explore son carnet d'adresses comme une malle aux trésors. Elle élimine les tocards, les frimeurs, les mecs qui ne sont pas friqués. Au bout de quelques minutes d'un épluchage consciencieux, elle tombe sur la carte de visite de l'avocat. Aussitôt, Hattab arrête son choix. Il presse Valérie qui s'empare du téléphone.

A l'autre bout de Paris, une sonnerie insistante résonne dans le cabinet de Me Lelaidier. Il est 19 heures et l'avocat raccompagne son dernier client. En entendant la voix de Valérie, il exulte de joie. La petite chérie donne enfin de ses nouvelles ! Elle fait mieux que cela puisqu'elle propose un rendez-vous pour le soir même.

Cette précipitation dans la recherche du contact devrait surprendre Gérard Lelaidier. Mais comme tout homme flatté dans sa virilité, il jubile, sûr de sa bonne affaire. Il a un dîner à 22 heures mais serait ravi que la mignonne l'y accompagne. Il aime tant épater la galerie en arrivant avec une belle fille à son bras...

Valérie accepte sans se faire prier (et pour cause). Elle sera sur place à 21 h 15 précises. Avant de raccrocher, elle demande le numéro du code. L'avocat lui explique la marche à suivre :

– Tu rentreras par le porche avenue de Villiers et tu traverseras la cour intérieure. Au fond à gauche, c'est l'escalier D. Il y a une porte avec un interphone. Mon nom est tout en bas sur la liste. Sonne, et je viendrai te chercher...

– Tu seras seul ?

– Oui, pourquoi ?

– Oh, rien, comme ça...

Pour le trio, en effet, il est préférable que Me Gérard Lelaidier soit bien seul...

17

Comme le président Xavier Versini a la « police » de l'audience, il a choisi d'entendre, dès le premier jour des débats, les témoins à décharge. Après la volée de bois vert que les accusés avaient reçue des psychiatres, une petite rémission s'imposait. Et puis, quitte à entendre des compliments sur les criminels, autant que ce soit avant l'évocation des faits... Que restera-t-il de ces éloges quand la cour évoquera l'atrocité des assassinats ? Pas grand-chose, en vérité...

Au président, qui demande avec une régularité d'horloge : « Que pouvez-vous nous apprendre sur la personnalité de l'accusé ? », les témoins répondent avec un bel ensemble qu'il était bien poli, bien serviable, bien gentil et que, bien sûr, ils ne se seraient jamais doutés que...

Ce leitmotiv plonge peu à peu les jurés dans une somnolence que l'heure tardive n'arrange pas. Pendant que certains se complaisent dans une contemplation approfondie du plafond, d'autres se posent des questions d'un intérêt primordial : « Comment vais-je rentrer ? », « Qui va faire manger les gosses ? » ou : « Si ça continue comme ça, on y sera encore à minuit... »

A la barre, sœur Bénédicte, qui veille sur Valérie Subra en prison, poursuit sa déposition. Pour elle, comme pour le bon Dieu, le temps importe peu. Tous voiles dehors, elle explique sans se presser :

– Au début de sa détention, Valérie avait des rapports difficiles avec ses codétenues. Au départ, elle portait des tenues voyantes et originales. Elle a changé d'habits depuis un an...

Cette précision vestimentaire est une petite pierre dans le jardin de l'avocat général... Mais comme la plupart des jurés roupillent avec application et qu'il ne reste plus que deux ou trois irréductibles aux bancs de la presse, M. Guilloux ne relève pas l'allusion. Et puis, lui aussi est fatigué. Heureusement, l'audience ne reprendra qu'en début de semaine. Il a donc devant lui un week-end entier pour parachever sa parfaite connaissance du dossier. Vu l'acharnement des avocats de la défense, cette mi-temps judiciaire ne sera pas du luxe. D'autant que le second jour du procès s'ouvrira en fanfare sur l'assassinat de Me Gérard Lelaidier.

Comme des écoliers qui saluent avec des transports de joie l'heure de la sortie, les participants plient bagage. La cour d'assises ferme ses portes. Lundi sera un autre jour...

QUATRIÈME PARTIE

L'ASSASSINAT DE GÉRARD LELAIDIER

18

7 décembre 1984. La nuit est maintenant tombée depuis longtemps sur Paris. Dans une petite rue discrète du 17e arrondissement, une Lancia se gare sans bruit. Laurent Hattab coupe le moteur, serre le frein à main et se tourne vers Valérie Subra, assise sur la banquette arrière :

– File-moi la mallette...

A la lueur du réverbère, il compose le code qui bloque la serrure. La Cartier s'ouvre en souplesse. A l'intérieur, les armes se détachent sur le velours grenat. Hattab empoigne le 7,65. Sarraud prend la matraque télescopique, le revolver à grenaille et un long couteau à cran d'arrêt. Les deux garçons remontent la fermeture Eclair de leurs blousons en cuir. Ils sont parés... Mais Valérie a aperçu les cagoules et les gants :

– C'est à qui, ça ?

– C'est à nous ! répond Hattab sans lui donner plus de précisions.

Sur le trottoir de l'avenue de Villiers, trois silhouettes furtives rasent les murs. De temps à autre, Laurent se retourne pour vérifier que personne ne les suit. Mais la nuit est calme, d'une tranquillité presque insolite. Juste quelques passants qui les croisent sans les voir.

Le trio s'arrête devant une double porte en verre

et en fer forgé. Sur un signe de tête, Valérie appuie sur le bouton qui en commande l'ouverture. Un claquement sec déverrouille le mécanisme. Hattab et les autres se glissent dans le hall de l'immeuble. Dans l'obscurité, ils ne remarquent pas les grands miroirs qui leur renvoient leur image. Ils vont, comme des zombies, le cerveau embrumé par des pensées contradictoires.

Le trio arrive dans la cour intérieure. Valérie repère l'escalier D, aperçoit une plaque scellée dans le mur : *Me Gérard Lelaidier. Avocat à la Cour.*

Haletants, les deux garçons encouragent Valérie du regard. Elle tend son doigt manucuré et appuie sur le bouton de l'interphone. Cette fois, les dés sont lancés.

Me Lelaidier entend la sonnerie grêle. Un large sourire éclaire son visage. Ce n'est pas trop tôt, pense-t-il sans doute. Car Valérie est en retard... Mais les jolies femmes, on le sait, se font toujours attendre...

Un rapide coup d'œil dans la glace. Il est rasé de près, douché, parfumé. Pas de doute, la soirée s'annonce bien... Pas mécontent de son allure, il répond d'une voix enjouée :

– J'arrive, mon poussin, ne bouge pas !

Pas de danger que le poussin ne bouge. Comme ses copains qui se planquent dans l'ombre, Valérie retient son souffle. La porte vitrée s'entrebâille ; avant qu'elle ne se referme automatiquement, Valérie la retient. Au moment propice, Hattab et Sarraud l'ouvriront sans difficulté...

Valérie s'engage dans le couloir au carrelage en damier. Juste en face d'elle, au rez-de-chaussée, Me Lelaidier l'attend sur le palier. Il l'accueille avec chaleur, l'embrasse comme du bon pain, la félicite pour son élégance. Cette robe longue lui va à ravir, le pull aussi est une réussite. Tout cela est bien noir, mais Valérie aime tellement le noir...

L'invitée accepte le compliment et, adroitement, laisse l'avocat passer en premier. Pendant qu'il s'avance dans l'appartement, Valérie Subra maintient la porte légèrement entrouverte. La voix de Gérard Lelaidier résonne :

– Alors, tu viens ?

Oui, elle arrive. Valérie longe une première pièce. Elle remarque une machine à écrire, des dossiers sur une grande table. Certainement le bureau de la secrétaire... Juste à côté, la salle d'attente et le cabinet de travail.

Me Lelaidier est assis derrière son bureau en acajou. Devant lui, il y a tout l'arsenal du parfait juriste : deux téléphones, un agenda, quelques codes civils et un fouillis de notes et de courrier. Il y a également les feuillets du roman qu'il écrit et, ironie du sort, un article du journal *Le Matin* intitulé : « L'insécurité dans le 17e arrondissement de Paris. »

Jovial, l'avocat invite Valérie à s'installer dans un petit fauteuil. Est-ce pour l'impressionner qu'il maintient les distances et reste calé, très professionnel, sur son siège ? Décidément de très bonne humeur (il le serait à moins...), Gérard Lelaidier interroge son « poussin ».

Comment va-t-elle, ce soir ? Très bien ? Tant mieux ! (Il ne manquerait plus qu'elle ait la migraine...) Pas de problème pour venir ? Formidable ! Qu'a fait son bébé avant de le rejoindre ? Pas grand-chose ? Ce n'est pas grave, on va arranger cela...

L'avocat n'oublie pas qu'ils sont invités à un dîner :

– Deux minutes, ma chérie, je vais me changer...

Valérie l'entend s'éloigner. Elle se précipite aussitôt vers la porte d'entrée. Dans un renfoncement, près de la cage d'escalier, Hattab et Sarraud sont aux aguets.

– Magnez-vous, il est seul, c'est O.K. !

Elle repart en sens inverse. Me Lelaidier a fini de s'habiller, il s'étonne :

– Pourquoi es-tu sortie ?

Valérie improvise :

– J'avais perdu ma bague. J'ai été voir dans le hall.

– Il faut se dépêcher. Nous allons être en retard chez mes amis.

– Vous n'avez pas un jus d'orange ? J'ai super soif...

Un soir pareil, il en faut un peu plus pour agacer Me Lelaidier. L'important, c'est de ne pas mettre son bébé de mauvaise humeur, il serait capable de filer. Bien sûr qu'il a du jus d'orange, et même que Valérie va le boire tranquillement dans son bureau puisqu'elle le souhaite. L'avocat se dirige vers la cuisine. En fouillant dans les tiroirs pour trouver ce maudit décapsuleur qui n'est-jamais-là-quand-on-en-a-besoin, il entend la voix de Valérie qui hurle :

– Et après, on fera quoi ?

– Pourquoi cries-tu si fort ? lui demande-t-il, un verre à la main.

– Je croyais que vous ne m'entendiez pas... réplique Valérie.

En fait, elle suit fidèlement les instructions des garçons. Ses exclamations sont censées les guider.

Me Lelaidier est de nouveau assis à son bureau. Il attend que la demoiselle ait enfin terminé son jus de fruits. Avec des grâces de chatte gourmande, Valérie suçote la paille, déguste avec application, les yeux baissés.

Décidément, elle est délicieuse, un vrai saxe, pense l'avocat qui ne se trouve pas mal non plus : pantalon en velours bleu roi et chemise bleu clair, assortie à ses yeux, au fauteuil, au canapé et même au tapis. C'est dire si Gérard Lelaidier aime cette couleur qui est, pour lui, celle du rêve...

– A quelle heure partons-nous chez vos amis ? demande Valérie pour meubler la conversation.

– Oh, maintenant, ce n'est plus pressé...

L'avocat semble avoir fait une croix sur son dîner en ville. Pourquoi devrait-il attendre 4 heures du matin pour profiter de cette fille qui s'offre, dès maintenant, sur un plateau ? Pourquoi replonger dans le froid et sacrifier aux mondanités quand on peut conclure chez soi, bien au chaud ? Evidemment, l'affaire n'est pas dans le sac, mais c'est Valérie qui a insisté pour venir ce soir. Normalement, elle ne devrait pas trop résister...

Valérie aspire toujours gracieusement le nectar. Ses lèvres pulpeuses sont une promesse de paradis. L'avocat est béat d'admiration. Un ange passe...

– Bouge pas ! Lève les mains !

Instinctivement, Gérard Lelaidier tourne la tête. Aussitôt, son sourire se fige. Il écarquille les yeux, ouvre la bouche comme un poisson hors de l'eau. En face de lui, deux cagoules noires aux orbites saignantes le menacent de leurs armes. Incapable d'émettre un son, l'avocat est paralysé par la peur. Il ne voit que la gueule sombre des revolvers.

Du canon de son arme, le grand désigne le canapé. Il hurle :

– Va t'allonger là, et fais pas de conneries...

Valérie feint la surprise, demande à l'avocat :

– Que se passe-t-il ? Vous les connaissez ?

– Toi aussi, la gonzesse, crie le deuxième homme, sur le canapé, et grouille-toi !

Gérard Lelaidier tremble de tous ses membres. Il essaie de se lever, mais ses jambes ne le portent plus.

– Alors, tu te décides ?

L'avocat sent une main lui écraser le bras. Il est projeté sur le canapé. Peureusement, Valérie se serre contre lui. Pendant que le plus petit des deux monte la garde, l'autre se précipite vers la salle de bains. D'un geste vif, il balaie le dessus des étagères. Un flacon de parfum se brise sur le lavabo. Le rasoir, la bombe à raser, le verre explosent sur le carrelage. Sous la violence du coup, une brosse à dents atterrit sur le tapis aux pieds de l'avocat.

L'homme passe dans la cuisine. A côté de l'évier, il aperçoit une chemise rose roulée en boule. Il range son flingue dans sa ceinture et lacère le tissu pour en faire des liens. Il revient dans le bureau, s'énerve :

– C'est à cause de toi si mon petit frère est en taule. On va chercher son dossier et tu vas nous filer du fric pour le faire sortir.

L'avocat panique. Il réplique, d'une voix blanche :

– Vous faites erreur, je ne fais pas de pénal...

– Ta gueule ! Tourne-toi, mets-toi sur le ventre !

Maladroitement, l'avocat s'exécute. Les deux types lui ficellent les chevilles et les poignets. Ils attachent aussi Valérie qui ne dit pas un mot.

– Où t'as planqué ton pognon ?

– Dans mon portefeuille.

– Il est où, ton portefeuille ?

– Dans ma veste, là-bas, par terre...

Mille balles, il n'y a que mille balles ! Le grand s'excite :

– C'est tout ce que t'as comme fric ?

L'avocat est incapable de répondre. Son cœur bat à se rompre et il n'arrive pas à rassembler ses idées. Il y a forcément quelque chose à dire, un moyen d'arrêter tout cela...

– Tu entends ? Je te parle !

– Je vous assure, monsieur, j'ai rien, il n'y a rien ici...

Le nez dans les coussins, l'avocat entend l'homme qui renverse les tiroirs, soulève les dossiers, fait voltiger les pages du précieux roman. Pas le moindre centime ! De rage, l'homme écrase, du poing, la paire de lunettes posée sur le bureau.

– Jusqu'ici, on a été gentils. Maintenant, tu vas nous dire où tu caches ton coffre !

– Mais je n'ai pas de coffre... Vous vous trompez, je ne suis qu'un petit avocat...

– Te fous pas de nous ou ça va aller mal !

– Prenez ce que vous voulez, les tapis, les tableaux, ils ont de la valeur...

A court d'arguments, l'avocat propose timidement :

– Si vous voulez, je peux vous faire un chèque de quinze mille francs, c'est toutes mes économies...

– Ça va pas, t'es cinglé ? On veut du liquide, et vite !

Le ton monte méchamment. Un des hommes empoigne Valérie, la traîne hors du bureau.

Subra, toujours ligotée, abandonne sa mine épouvantée et rejoint Hattab qui fouille la salle d'attente. Il soulève les tableaux, remonte la plaque qui sert de pare-feu, se met à quatre pattes, inspecte la cheminée. Pas de coffre, une vraie galère ! Avec Valérie, il descend au sous-sol.

Dans la chambre, il bouscule la penderie, fait les poches, passe la main sur les étagères. Il s'attaque même au matelas... Que dalle, pas la moindre liasse ! Exaspéré, il projette les fauteuils en rotin contre les murs. Ça ne sert à rien, mais ça soulage.

Hattab et Valérie remontent en vitesse l'escalier. La porte du bureau est fermée. De la pièce monte un vacarme assourdissant.

– C'est quoi, ce boucan ? demande Valérie.

– C'est Jean-Rémy qui doit le faire parler...

Le tapage se précise. Valérie et Hattab entendent des chocs sourds, des cris.

– Va voir... suggère Valérie.

Hattab entre dans le bureau, lance à l'avocat :

– J'ai tué ta petite copine !

Gérard Lelaidier a les yeux qui lui sortent de la tête. Il gémit et des larmes coulent sur ses joues.

Sarraud quitte la pièce. Il croise Valérie qui, sans trop de mal, a réussi à détacher ses liens. Il descend à son tour dans la chambre. Avec le cran d'arrêt, il éventre les oreillers. Un nuage de plumes se répand sur le lit. Même là, il n'y a rien ! C'est pas possible, l'avocat a forcément caché son pèze quelque part...

Il remonte, demande à Valérie si tout va bien, puis retourne auprès de Hattab. Le vieux a du fric, c'est certain, faut qu'il crache le morceau !

Hébété, l'avocat implore ses agresseurs. Un direct à l'estomac lui coupe la parole. Il tombe à genoux. Un coup de botte en pleine figure le jette sur le tapis. Il tente de se relever, mais une paire de gifles le renvoie à terre. Entre deux hurlements, Gérard Lelaidier supplie ses bourreaux de le laisser. Il pleure, hoquette, jure qu'il n'a pas d'argent. Sous la violence des coups, les lambeaux de chemise qui enserrent ses poignets se défont. Les deux hommes attachent de nouveau l'avocat, puis s'isolent dans un coin du bureau.

Sarraud et Hattab discutent à voix basse. Avec ce que l'avocat a pris dans la tête, s'il avait eu du pognon, il se serait mis à table... Les garçons s'interrogent : que vont-ils faire de cette loque ? Ils se barrent ou quoi ? Le problème, c'est que Laurent, toujours futé, lui a dit qu'il avait descendu Valérie... Que se passera-t-il quand l'avocat s'apercevra qu'elle est toujours vivante ? En plus, cette histoire du frangin en prison ne tient pas debout. Il l'a dit lui-même, il ne fait pas de pénal. Une seule solution : tuer l'avocat. Hattab laisse la corvée à Jean-Rémy et rejoint Valérie dans la salle d'attente. Sarraud range son revolver dans sa ceinture et saisit la matraque dissimulée dans la poche de son blouson.

Sur le tapis où s'élargit une flaque rouge, l'avocat geint faiblement. Il lève les yeux et, comme un chien battu, il implore l'homme du regard. Terrorisé, il voit la matraque monter très haut entre des mains blanches, s'arrêter un instant puis fondre sur sa tête à toute vitesse. Une douleur fulgurante lui vrille le crâne. Il sent sa perruque glisser sur son visage et un voile noir lui brouille la vue.

Sarraud a un mouvement de recul. Il ne comprend pas que cette chose velue est une perruque.

Il croit que c'est la tête qui s'arrache du tronc. Hypnotisé, il n'arrive pas à détacher les yeux du postiche.

Défiguré, l'avocat rampe en aveugle sur le tapis. Il hurle à pleins poumons. Sarraud panique. Il brandit toujours la matraque, désormais inutilisable. Il a tapé si fort qu'elle s'est cassée en deux. Cette forme sanguinolente qui macule le plancher lui donne la nausée. Il doit faire taire l'avocat, l'achever. Il claque la porte, va chercher Hattab.

Rapide coup d'œil sur la victime. Il faut en finir. Sarraud file dans la cuisine, attrape ce qu'il reste de la chemise, prend une éponge Scotch-Brite.

De retour dans le bureau, l'homme introduit brutalement l'éponge dans la bouche de l'avocat et le bâillonne avec la chemise. Cette fois, il est décidé. Il cale le poignard dans le creux de sa main, prend son élan et enfonce la lame jusqu'à la garde dans la poitrine de Lelaidier. L'acier tranche la chair. Le sang gicle, éclabousse l'agresseur. Possédé, l'homme frappe en poussant de tout son poids sur le manche. Le couteau fend la peau, glisse entre les côtes, transperce le cœur.

L'assassin n'est pas certain que sa victime est bien morte. Il retire le bâillon, s'aperçoit qu'elle respire encore. Il frappe encore trois ou quatre fois de toutes ses forces. Une mousse rouge s'échappe des lèvres de l'avocat. Me Gérard Lelaidier agonise.

Sarraud coupe les fils du téléphone, enveloppe le couteau dans un chiffon et le cache dans son blouson. Il sort en trombe du bureau. Valérie et Hattab sont toujours assis dans la salle d'attente.

– Allez, on se barre !

Laurent se lève d'un bond.

– Alors ?

– Ça y est ! murmure Sarraud à voix basse.

– Tu en es sûr ?

Sarraud éteint la lumière de la cuisine et du bureau. Hattab se plante devant Valérie :

– Voilà, il est mort ! Va voir si la voie est libre...

La cour de l'immeuble est vide. Tout à leurs préparatifs de Noël, les locataires n'ont rien vu et rien entendu. Au rez-de-chaussée du bâtiment D, le corps de Me Gérard Lelaidier repose sans vie sur un tapis autrefois bleu...

19

Avenue des Champs-Elysées, des milliers de globes nacrés brillent dans les arbres. Au rond-point, des sapins venus du froid déploient leurs branches couvertes de givre. Malgré l'heure tardive, les voitures s'agglutinent place de l'Etoile, entremêlant leurs pare-chocs dans un concert de klaxons.

Dans le bois de Boulogne tout proche, les travestis disputent les clients aux prostituées. Sous le regard morne des policiers en patrouille, des groupes de fêtards haranguent les putes avec des mots crus. Paris s'amuse et les flics s'en foutent. Ils n'ont qu'une idée : rentrer chez eux et se mettre au chaud.

Au *Martin's*, c'est le coup de feu. Là sono débite à plein régime et le disc-jockey se prend pour Michael Jackson. Sur la piste, des couples en sueur se désarticulent comme des damnés. La boîte est bourrée à bloc et le videur fait poireauter les nouveaux venus sur le trottoir. Certains sont là depuis une heure et ils insistent, transis mais entêtés.

La Lancia de Hattab s'immobilise sur le parking. Quelques minutes auparavant, dans un fourré, Sarraud s'est débarrassé du chiffon qui entourait son poignard. Le trio se dirige sans un mot vers le night-club.

Dans la voiture, Jean-Rémy a raconté à Valérie comment il avait supprimé l'avocat. Il a aussi raconté sa trouille quand il a vu la perruque voler à ses pieds. Valérie n'en est pas revenue. Elle n'avait pas remarqué que Lelaidier portait une perruque...

– Bonsoir, monsieur Laurent !

Au grand désespoir des laissés-pour-compte, Hattab et les autres franchissent les portes du *Martin's*. A l'intérieur, quelques potes accoudés au bar se lèvent pour accueillir le trio. Des flashes éclaboussent les banquettes, glissent sur les murs, puis la lumière se tamise et les visages se perdent dans l'ombre. Pour Sarraud, cette obscurité est une bénédiction. Il a du sang plein son pantalon.

Un mot en amenant un autre, les trois complices finissent par oublier l'agression. On discute, on se marre, on invite. Au garçon qui semble atteint d'une scoliose tant il plie l'échine, Laurent, souverain, commande une bouteille de « champ ». Quand il règle l'addition, le serviteur zélé ne se doute pas que c'est l'argent du crime qu'il serre au creux de sa main. Le pourboire est royal et il n'y a que cela qui compte. Décidément, pense-t-il, malgré son jeune âge, ce Laurent Hattab est un seigneur...

20

Pour la cour d'assises, Laurent Hattab est-il un seigneur ou un saigneur ? Pour les jurés, toute la question est là, car le jeune homme nie toute responsabilité dans le crime de Gérard Lelaidier.

A tour de rôle, d'une voix morne, les accusés ont raconté leur version du meurtre. Leur récit a créé un climat insoutenable, à la limite de l'écœurement. Cette boucherie a inspiré une répulsion totale. Les jurés sont dégoûtés et certains lancent des regards noirs aux assassins, le buste rejeté en arrière, comme s'ils voulaient prendre leurs distances avec la racaille.

S'il existait une échelle dans l'horreur, c'est certainement Laurent Hattab qui enlèverait la palme du mépris. Non seulement il se plaint et conteste la version des deux autres, mais en plus, il arbore une tenue stupide, complètement déplacée en la circonstance.

Pour se présenter devant ses juges et évoquer le calvaire de l'avocat, Hattab a choisi un anorak criard, d'un bleu arrogant, zébré de balafres argentées. Il ne lui manque plus que le bonnet et les skis...

Plus « raccord », Sarraud a toujours son éternelle chemise à carreaux et Valérie Subra une tenue aussi grise que sa mine. Ecrasée par la honte (l'avocat général préfère parler de « comédie »), Valérie s'exprime par à-coups, sur un ton qui rappelle le confessionnal. Le président Versini mène l'interrogatoire :

– A la date du vendredi 7 décembre 1984, vous sortiez déjà depuis plusieurs semaines avec Hattab ?

Comme une lycéenne qui passe l'oral du bac, Valérie répond, avec respect :

– Oui, monsieur le président.

– Et pendant ce temps, vous fréquentiez assidûment *Les Jardins de La Boétie*, et autres endroits, pour trouver des messieurs fortunés en quête d'aventures galantes. Quelle idée cette chasse vous a-t-elle donnée ?

– Laurent et Jean-Rémy pensaient qu'ils pouvaient les cambrioler.

Le président Versini est aux anges. Cette affaire anachronique, qui met en scène le bourgeois, la cocotte et le truand, lui semble sortir tout droit d'un fait divers du XIXe siècle. A dessein, il emploie un vocabulaire désuet qui sent la plume d'autruche et le patchouli à plein nez.

– Votre rôle était donc de tourner les sens à quelque amant huppé ?

– Oui, c'est cela.

– Qui a choisi la victime ? Est-ce Hattab ?

– Il s'agissait de m'utiliser comme un appât. Laurent a pris mon carnet d'adresses, il l'a consulté et il est tombé sur le nom de Lelaidier. Il m'a dit : « Qu'est-ce qu'il fait, celui-là ? » J'ai répondu : « Avocat. » « Ah, il doit être riche et posséder un coffre ! »

Sarraud précise :

– Dans nos discussions préparatoires, nous avions envisagé d'éliminer les victimes. Mais nous avons finalement renoncé à le faire. C'est pourquoi nous nous sommes rendus chez Me Lelaidier avec des cagoules...

Le président s'adresse à Hattab :

– Comment avez-vous réagi quand vous n'avez

trouvé que mille francs dans le portefeuille de la victime ?

Hattab semble se perdre dans ses souvenirs. Le président insiste :

– En tout cas, c'était insuffisant pour gagner l'Amérique...

Me Szpiner ironise à son tour :

– A ce tarif, il aurait fallu tuer beaucoup de monde, même pour payer un vol charter...

Me Francis Szpiner s'appesantit alors sur le geste de Sarraud qui a vérifié que l'avocat était encore en vie avant de l'achever :

– Ce geste est, d'habitude, celui du médecin qui veut être sûr qu'il reste encore un peu de vie, mais vous, Sarraud, gronde-t-il en détachant chaque mot, c'était pour vous assurer de l'avoir ôtée...

Sarraud n'entend pas porter seul la responsabilité du crime :

– C'est Laurent qui m'a confirmé qu'il fallait le tuer !

Laurent Hattab bondit comme un diable de sa boîte :

– J'ai rien à voir dans cette histoire ! Il était juste question de braquer. J'étais en train de fouiller l'appartement quand j'ai entendu des cris et des râles. Quand je suis entré dans le bureau, Jean-Rémy m'a dit de me tirer, que ce n'étaient pas mes affaires.

– C'est faux, coupe Sarraud. C'est Laurent qui m'a ordonné d'« expédier l'avocat ».

– Pas du tout ! s'exclame Hattab. C'est lui qui a crié : « Je n'ai plus rien à perdre. » Il m'a même dit qu'il était prêt à tuer n'importe qui, mon frère, et même Valérie !

L'échange devient vif, d'autant que les avocats de la défense s'en mêlent. Me Paul Lombard souligne que Hattab, dans cette affaire, n'est pas poursuivi pour meurtre mais pour complicité. Ce n'est donc pas lui qui a porté les coups fatals... Ce que tout le monde savait déjà et ce qui ne change rien à sa responsabilité morale.

– Si vous avez subi des pressions de la part de Sarraud, demande le président, pourquoi ne pas en avoir parlé à votre famille ?

– A cause de mon père. Je l'ai toujours craint et puis... j'avais peur que Sarraud lui fasse du mal.

Le président se tourne vers Valérie :

– Est-il exact, à votre connaissance, que Sarraud menaçait Hattab ?

– Non, je ne crois pas. Laurent dirigeait tout, Jean-Rémy suivait.

Hattab hausse les épaules et, d'un air las, rétorque :

– Elle ne pouvait pas tout savoir.

– Le meurtre était-il prémédité ?

Hattab a de l'humeur, il répond, un peu agacé :

– Si telle avait été notre intention, on ne serait pas arrivés masqués et gantés. En principe, après avoir braqué Lelaidier, on devait laisser Valérie sur place. Elle devait convaincre l'avocat de ne pas porter plainte.

– Alors, pourquoi cela a-t-il dégénéré ?

– Sarraud est devenu fou...

– Ce n'est pas vrai ! affirme ce dernier. En fouillant la veste de l'avocat, Laurent a vu les coordonnées de Valérie. C'est d'un commun accord que l'on a décidé de le tuer !

Laurent Hattab, qui à la différence du président Versini, choisit fort mal son vocabulaire, explique, larmoyant, pourquoi il a monté « l'opération » :

– C'était pour donner un coup de main à Jean-Rémy. Il était lassé de vivre à nos crochets. Il voulait avoir de l'argent comme nous.

L'avocat général ne semble pas convaincu :

– Allons, Hattab, reconnaissez que vous n'aviez pas d'argent et que votre compte était à découvert...

– J'avais des espèces.

M. Guilloux revient à la charge :

– Votre père a eu des déboires. C'est lui qui vous donnait des subsides et il ne travaillait plus...

Hattab voit rouge. Comme un coq qui monte sur ses ergots, il menace :

– Ne faites pas le procès de mon père !

L'avocat général ne relève pas l'avertissement. Le président s'adresse à Sarraud :

– Et vous ? Pourquoi avez-vous participé à cette tuerie ?

Sarraud hésite un instant puis se lance :

– Hélas, c'est très simple... J'étais mal dans ma peau, j'étais seul et je n'avais rien. Avec Laurent, j'avais l'impression de découvrir la vraie vie : l'argent, les boîtes de nuit, les restos, les voitures, les fringues. Pour moi, c'était un tourbillon géant. Mais une fois que l'on a mis les pieds dans ce tourbillon, c'est l'enfer. Je ne vivais plus, je rêvais. J'aurais fait n'importe quoi pour rester dedans. Je sais, ce n'est pas une excuse, mais ça explique... On peut avoir une certaine force physique et manquer de force mentale pour résister à ce tourbillon...

– Et vous, Subra, quelles étaient vos motivations ?

– J'aimais Laurent. Je voulais partir avec lui aux Etats-Unis.

L'avocat général fixe le président. Sur un mouvement de tête de ce dernier, il se lève et demande à Valérie :

– Pourquoi, après ce crime, avez-vous continué à chercher d'autres victimes ?

– J'avais peur de Laurent...

Cette réponse met en rage M. Guilloux :

– Allons, vous aviez surtout peur qu'il vous remplace !

Me Szpiner vient prêter main-forte à l'avocat général :

– Il faut croire aussi que cette mise à mort ne vous avait pas beaucoup affectée... Quand vous avez bu votre bouteille de champagne, vous aviez encore du sang sur vos vêtements...

Les trois accusés se gardent bien de s'étendre sur l'épisode du *Martin's*... Le président leur rafraîchit la mémoire :

– Vous laissez un cadavre derrière vous et vous allez boire une bouteille de champagne dans une boîte de nuit...

Laurent Hattab s'énerve :

– Si on s'est pas changés, c'est parce qu'il faisait sombre dans la boîte. Et si on y est allés, ce n'était pas pour sabler le champagne, comme a dit la presse !

– Ah, non ? Et c'était pourquoi ?

– C'était l'alibi...

Pour une fois, le président s'emporte :

– Ne faites pas l'idiot ! Qui a eu cette idée ?

– C'est Laurent, précise Sarraud.

Le président insiste :

– Et personne n'a eu la nausée ? *(Une pause.)* Valérie, vous n'avez pas eu la nausée ?

Valérie Subra prend son courage à deux mains et avoue :

– Non, mais je n'ai pas bu... Je n'étais pas bien après ce qui s'était passé...

Sa moue est celle d'une enfant qui se plaint d'un mal de ventre. La salle ricane. Comme l'écrira Pierre Mangetout dans *Libération* : « Valérie semble implorer le ciel pour que le sol s'ouvre sous ses pieds... »

21

L'affaire du « trio diabolique » passionne toujours autant le public et la presse et pourtant, en ce troisième jour d'audience, quelque chose a changé... Ce n'est pas la cour d'assises qui, avec sa pompe et ses ors, n'a rien perdu de son apparat, ni l'avocat général, toujours aussi féroce. Pas plus les accusés, qui restent égaux à eux-mêmes. Ce qui a évolué, c'est l'ambiance.

Les jurés, même s'ils continuent à marcher sur la pointe des pieds, ont pris leurs aises. Ils n'ont plus, dans le regard, l'angoisse du débutant. L'ouverture du procès les avait cueillis à froid. L'autorité du président comme le cérémonial judiciaire leur avaient inspiré une crainte révérencieuse. Gauches et profanes, ils avaient vécu le tirage au sort comme une véritable épreuve. Parce que la loi l'exige, ils avaient dû prêter serment, se tenir bien droit et lever la main bien haut, en essayant de sortir un « Je le jure » plus ou moins sonore. Ce fut la seule fois d'ailleurs que l'assemblée entendit leur voix.

Au terme de cette première journée, leur lassitude était extrême. Ils avaient tellement vu, entendu, ressenti, que la coupure du week-end fut vécue comme une trêve. Ils s'aperçurent alors qu'être juré n'est pas un « métier » de tout repos...

Tout ragaillardis par la pause, ils abordèrent la

seconde journée avec beaucoup d'intérêt. Moins intimidés, ils commencèrent à se détendre et à trouver leurs repères. Ils comprirent que les assesseurs en robe noire, qui flanquaient le président, n'étaient pas des avocats mais des juges. Que les journalistes pouvaient sortir de la salle quand ils le voulaient et que l'avocat général demandait la permission au président avant de poser des questions. Ce savoir tout neuf les conforta dans leurs positions. Peu à peu, ils apprirent aussi à se connaître...

Aujourd'hui, ils savent que M. le juré numéro deux est un perfectionniste. Il passe son temps à prendre des notes, à faire des plans et à couper les cheveux en quatre. Mme numéro quatre est une raisonneuse. A chaque suspension d'audience, elle commente, en long et en large, les réponses des accusés. Le numéro cinq est un rigolo qui milite pour le moral des troupes, le numéro sept un renfermé qui ne dit jamais ce qu'il pense. Le numéro six est un laxiste. Si on l'écoutait, on excuserait tout le monde. Il y a aussi la numéro trois, très à cheval sur les principes. Les éclats de voix de la défense la choquent terriblement. Surtout Me Pelletier qui coupe la parole à M. Guilloux et qui crie à tort et à travers...

Quelles que soient leurs particularités, tous les jurés ont pourtant un point commun. Chaque matin, ils se précipitent sur la presse du jour pour savoir ce qu'il faut penser de l'audience de la veille. Cet épluchage de leur quotidien préféré leur sert de fil conducteur. Ils croient dur comme fer à ce qu'ils lisent : si c'est dans le journal, c'est que c'est vrai !

Il y a aussi, quand ils rentrent au bercail, les commentaires de la femme ou du mari ; les impressions des amis qui téléphonent pour savoir « comment ça s'est passé » et les inévitables réflexions des pochards du *Café du Commerce*. Pénétrés de leur fonction, les jurés se garderaient bien de révéler le fond de leur pensée. D'abord, parce que c'est interdit et ensuite, parce que leur mutisme, ils le sentent, leur confère un grand prestige. Mais ils écoutent quand même les uns et les autres avec l'air pénétré du confesseur.

Les jurés ont aussi parfaitement compris l'étendue de leur pouvoir. Si le président les ménage : « Tout va bien, monsieur Machin ? » « Pas trop intellectuel, madame Une telle ? » et leur sert des « messieurs et mesdames » longs comme le bras ; si l'avocat général cherche leur approbation et les avocats leurs bonnes grâces, ce n'est pas pour paraître sympathiques. Tout ce concert de simagrées judiciaires n'a qu'un but : les séduire. Parce que, en définitive, c'est aux jurés que revient la décision finale. Au moment du vote, la cour ne représente que trois voix. C'est donc le jury, avec ses neuf voix, qui a le dernier mot. C'est lui qui fixe le tarif.

Ce pouvoir exorbitant est à l'origine de bien des satisfactions. Ce n'est pas tous les jours qu'un travailleur émigré serre la main d'un haut magistrat ; qu'un président d'assises s'inquiète de la fatigue d'une femme de ménage... Dans les petites villes de province, les jurés sont encore plus sensibles à ces marques d'attention. M. le président est un notable. Il inspire le respect et la crainte, d'autant qu'il a pignon sur rue et qu'il dîne tous les vendredis soir chez M. le maire...

Qu'un homme de cette pointure demande à un juré des nouvelles de son rhume, c'est un honneur sans précédent. Cette obligeance vaut d'ailleurs son pesant d'obéissance au moment des délibérés. Comment mécontenter un magistrat qui a su rester si simple ?

Pour toutes ces raisons, les jurés du procès Subra-Hattab-Sarraud abordent ce troisième jour avec une relative aisance. Avant d'entrer dans la cour d'assises, les femmes ont parlé chiffons, les hommes du dernier match de foot. Certains ont même déjeuné ensemble. La greffière leur a demandé s'ils avaient tous bien pris « leurs petites précautions »... Un juré consciencieux, en effet, ne doit rien manifester et surtout pas une envie pressante en plein débat.

Puisque tout est en ordre, l'audience peut commencer. A la queue leu leu, les jurés s'alignent derrière les juges. La sonnerie retentit, les portes s'ouvrent, ils s'installent. Le président Versini annonce la couleur. Au menu : l'assassinat de la seconde victime, Laurent Zarade.

La digestion de la cour et du jury risque d'être difficile...

L'idéal, dans un procès d'assises, serait évidemment de respecter la chronologie des faits. Mais, comme au cinéma, les séquences sont rarement tournées dans l'ordre. Il suffit qu'un témoin capital soit indisponible le mardi pour que son audition soit reportée au lendemain. Cela explique pourquoi on évoque souvent la charrue avant les bœufs.

Pendant les neuf jours qui ont séparé l'assassinat de Me Gérard Lelaidier de celui de Laurent Zarade, le trio infernal n'est pourtant pas resté les bras croisés...

8 décembre 1984. Pendant que la police découvre le corps de Me Gérard Lelaidier, le trio fait des courses. C'est un samedi et, comme des milliers de Français, Valérie, Laurent et Jean-Rémy vont au supermarché remplir leur Caddie. Quand ils passent à la caisse, ils règlent la note avec ce qu'il reste de l'argent volé à l'avocat. Leur butin n'a pas fait long feu et leurs poches sont de nouveau vides. Retour à la case départ.

Comme le confiera le président Versini, longtemps après le procès :

– S'ils n'avaient tué qu'une personne, c'était plaidable. En commettant le second crime, ils se sont coupés de tout système de défense.

Et c'est vrai qu'ils auraient pu être bouleversés par l'horreur du crime. En entendant les hurlements de Gérard Lelaidier, en voyant le sang qui dégoulinait de son visage, ils auraient pu se rendre compte que leur entreprise était monstrueuse et qu'il fallait renoncer. Non pas au nom de la morale (n'allons pas chercher si loin), mais par un simple réflexe d'humanité. Cependant, il semble que, pas une fois, aucun des trois n'ait eu pitié. Leur agression ne leur a causé ni cauchemars ni sentiment de culpabilité. Ils n'ont pas discuté pendant des heures pour savoir s'ils devaient continuer leur macabre besogne. Dès le lendemain du drame, la cause était entendue.

Le dimanche 9 décembre, ils ont donc vaqué normalement à leurs occupations. Seul détail pittoresque, Sarraud, comme une bonne ménagère, a fait tremper son pantalon taché de sang dans le bidet de la salle de bains...

Depuis le vendredi 7 décembre, la chronologie de leurs faits et gestes est d'une simplicité désarmante : le vendredi soir, ils tuent Lelaidier. Le samedi, ils font les courses. Le dimanche, ils se reposent. Le lundi, ils agressent une nouvelle victime. Du moins, c'est ce qu'ils espéraient. Mais les voies du Seigneur sont impénétrables. La chance de certains hommes vaut parfois mieux qu'un gilet pare-balles...

D'un commun accord, Valérie, Hattab et Sarraud ont désigné un certain Henry Levy pour jouer les numéros deux sur leur liste noire. Il a vingt-quatre ans, beaucoup d'argent et une Porsche 911. Valérie l'a rencontré dans une soirée au *Martin's*. Sourires charmeurs, baratin habituel et l'inévitable échange des téléphones. Il espère, bien sûr, qu'elle l'appellera. Elle promet, la bouche en cœur. Le numéro est rodé, ne nous attardons pas sur les préliminaires...

Lundi 10 décembre. En fils aimant, Henry dîne chez papa, maman. Sonnerie intempestive. « C'est pour toi, mon chéri », glisse sa mère d'un air complice en lui tendant le combiné. A l'autre bout du fil, Valérie propose une rencontre amicale. Henry s'étouffe avec sa dernière bouchée mais ne perd pas le nord. Il lui donne rendez-vous une demi-heure plus tard à sa garçonnière.

Bien que tenaillé par le désir, il lui est difficile de quitter la table en plein repas... Quand, enfin, il plie sa serviette, il est déjà en retard. Bisous rapides aux parents, Henry s'éclipse en vitesse. Il n'a que cinq cents mètres à parcourir, mais il accélère le pas. Il n'a pas envie de rater le coche.

Juste en face de chez lui, sous l'éclairage blafard du réverbère, il aperçoit trois silhouettes. Il y a deux garçons qui semblent en conversation avec une fille en jupe longue. Henry est un homme méfiant. Il reconnaît Valérie, s'arrête, observe le trio. Valérie Subra se retourne, l'aperçoit à son tour. Prudemment, elle détale avec les garçons. Le coup est remis au surlendemain.

Mercredi 12 décembre. Comme prévu, nouveau coup de fil de Valérie. La meilleure des défenses étant l'attaque, elle agresse d'entrée son interlocuteur. Pourquoi lui a-t-il posé un lapin lundi soir ? Henry Levy précise qu'il était seulement en retard. Pendant qu'il explique, il décide d'inventer une fable :

– Il y a une caméra dans le hall de l'immeuble. Ma bonne t'a vue avec deux hommes. Qui c'étaient, ces types ?

Valérie ne se laisse pas décontenancer :

– C'étaient juste des copains qui m'avaient accompagnée...

L'explication est plausible. Henry fixe un nouveau rencard pour le soir même, même heure, même endroit. Cette fois, la mignonne est bien seule. La Porsche freine à sa hauteur dans un crissement de pneus prometteur.

– Monte.

– Pourquoi, on ne va pas chez toi ?

Il sourit. Elle embarque dans la précieuse limousine. Henry Levy introduit sa carte magnétique dans le boîtier à l'entrée du parking. Il gare la merveille avec des attentions touchantes et appelle l'ascenseur qui dessert les appartements. Valérie frise la crise cardiaque. Comment Hattab et Sarraud vont-ils la rejoindre ? Comment va-t-elle se débarrasser de ce pot de colle ?

En la voyant passer la porte de sa garçonnière, Henry Levy pense que l'affaire se présente bien. Quand une fille suit un homme dans son petit nid d'amour, c'est pour la bonne cause... Par définition, une garçonnière est réservée à un usage très spécifique. C'est pour cela que les éclairages sont tamisés et que le lit ressemble à un paquebot. Le problème, c'est que Valérie n'a pas l'intention d'embarquer... Elle retarde l'échéance, refuse de vérifier la profondeur du canapé. Et puis, elle veut du jus d'orange ! Tout de suite ! Et Henry va chercher le jus d'orange dans la cuisine.

Rapide coup d'œil par la fenêtre. Sur le trottoir, les garçons font le pied de grue. Il faut trouver un moyen de les avertir...

– Dis donc, j'ai perdu ma bague ! J'ai dû la laisser tomber dehors quand je t'attendais...

Henry se fiche de la bague comme de sa première chemise :

– C'est pas grave, tu la retrouveras en partant.

– Hors de question ! C'est un souvenir de famille. Ma mère y tient beaucoup. Je vais la chercher.

Valérie fonce vers la porte, s'engouffre dans l'ascenseur. Henry, qui la suit à la trace, descend par l'escalier. Cette histoire de bague lui semble tirée par les cheveux. Il rejoint la jeune fille dans le hall et l'aide à inspecter le trottoir. Evidemment, ils ne voient pas l'ombre d'un bijou. En revanche, Sarraud et Hattab les voient très bien s'agenouiller sur le bitume pour fouiner sous les voitures en stationnement.

La chasse au trésor n'a rien donné. Valérie entre de nouveau dans l'immeuble, suivie d'Henry qui referme la porte avec soin. C'est cuit ! Les garçons ne risquent pas de voler à son secours.

Deuxième étage. Valérie est furibarde. Elle ne va quand même pas coucher avec ce type pour donner le change ! Henry comprend rapidement que Valérie fait de la résistance. Comme il ne doute pas de son charme torride, il pense qu'elle est contrariée par la perte de sa bague. Il connaît un excellent moyen de lui changer les idées, mais la chérie s'entête. Mieux, elle prétend avoir besoin d'une Kool pour se calmer. Une cigarette à la menthe, quelle aberration ! Comme si un homme pouvait fumer une saleté pareille...

– J'ai besoin de fumer une Kool ! insiste Valérie.

Décidément très patient, Henry Levy extrait la Porsche du parking et prend la direction du drugstore des Champs-Elysées. A l'intérieur de la voiture, Valérie paraît atteinte de la danse de Saint-Guy. Elle se tourne, se retourne, dévisage les occupants des autres véhicules.

– Mais pourquoi tu gesticules comme ça ?

– Parce que !

– Pourquoi tu fais des signes ?

– Parce que !

Comme explication, il y a mieux, mais Henry ne tient pas à contrarier la rebelle. Au feu rouge, une 2 CV vient se ranger à côté de la Porsche. A l'intérieur, deux hommes sourient à Valérie, qui leur adresse un regard hautain.

– T'as vu la bagnole de ces mecs ? Allez, on les sème !

Henry Levy appuie à fond sur le champignon et laisse la 2 CV sur place.

Muni du précieux paquet de Kool, le couple se retrouve pour la troisième fois dans l'univers douillet de la garçonnière. Cette fois... Mais non, Valérie veut téléphoner, au *Martin's*, bien sûr. Pas de chance pour Henry, elle doit se rendre à la boîte, toutes affaires cessantes. Et que fait-il, Henry ? Il l'accompagne, et en voiture...

Ce n'est pas parce que les deux premières tentatives ont échoué qu'il faut se décourager. Ainsi raisonne le trio qui décide de remettre la gomme, deux jours plus tard.

Le vendredi 14 décembre, la sonnerie aigrelette du téléphone résonne dans l'appartement d'Henry Levy. C'est encore et toujours Valérie. Comment s'y prend-elle pour obtenir, avec succès, un troisième rendez-vous ? Bien sûr, elle est craquante et elle a des yeux à faire fondre la banquise, mais quand même... Quoi qu'il en soit, Henry ne résiste pas au chant de la petite sirène. Il accepte les conditions de Valérie. Car elle pose des conditions...

Dans sa garçonnière, Henry lui a confié que son frère avait un appartement dans le 14e arrondissement. Il lui a même dit que l'immeuble n'avait pas de code d'accès. Pas étonnant, dès lors, qu'elle insiste pour le rejoindre là-bas...

Vers 21 heures, le téléphone sonne de nouveau. C'est un copain qui compte passer en coup de vent. Henry lui propose de se rendre directement à l'appartement de son frère.

– J'attends une nana, mais c'est pas grave. On sortira peut-être ensemble, « après »...

Cet « après » dénote un bel optimisme de la part d'un homme qui vient de tomber, deux soirs de suite, sur un bec. Comme quoi il n'est pas nécessaire d'espérer pour entreprendre...

Quand Valérie débarque, fraîche comme une rose, Henry ne lui saute pas au cou. Ce n'est pas qu'il boude, mais il en a assez de cette minette qui « joue au chat et à la souris ». Il a désormais la ferme intention de la mettre au pied du mur. Que veut-elle, au juste ? Boire un verre ? D'accord pour le verre. Et après ? Après... c'est la chambre à coucher, et au trot. Par ici, mademoiselle, on ne va pas y passer la nuit !

Heureusement pour la demoiselle, ça sonne à la porte. C'est le copain qui tombe comme un cheveu sur la soupe. Henry l'expédie *manu militari* :

– Reviens dans vingt minutes ! (Prêt à toutes les concessions pourvu que l'autre se tire, il ajoute :) Tiens, prends les clés de ma Porsche et va faire un petit tour...

A peine l'intrus a-t-il tourné les talons que Valérie suit le même chemin. Elle descend l'escalier au galop, repère Hattab et Sarraud. Elle leur lance :

– C'est pas la peine ! Il a un copain qui doit rappliquer. C'est foutu !

Elle repart en sens inverse et rejoint un Henry qui ne sait plus à quel saint se vouer. D'entrée, elle attaque :

– Ça va pas, la tête ! Tu croyais que j'allais partouzer avec ton pote ou quoi ?

Sans attendre la réponse, elle attrape son sac et son manteau et prend la porte. Henry Levy se sent subitement très fatigué. Il ne sait pas encore qu'il a échappé à une mort horrible et que, le lendemain, il croisera de nouveau Valérie au *Garage*, un night-club de la rue de Washington. Comme si rien ne s'était passé, elle l'embrassera avec gentillesse. Elle lui présentera même son cavalier. Le jeune homme en question s'appelle Laurent Zarade et il n'a plus que vingt-quatre heures à vivre...

Henry Levy est bien loin de se douter du sort que lui réservait l'impétueuse Valérie. Un rien déprimé, il s'affale dans un fauteuil. Pour ce soir, la fête est terminée...

22

Un procès d'assises se déroule comme une partie d'échecs. Chaque participant suit une stratégie précise. Il doit prévoir les coups, les parer, et attaquer quand il se sent en position de force. Il suffit parfois d'une erreur de tactique pour perdre toute chance de gagner. C'est donc avec une prudence extrême que chacun avance ses arguments, conscient qu'à n'importe quel moment tout peut basculer.

Le procès du trio diabolique n'a rien d'un match d'amateurs. C'est une rencontre qui oppose des professionnels de haut niveau, des hommes qui s'investissent, à chaque instant de l'audience, comme si leur vie en dépendait.

S'engager à ce point dans l'affaire est une question d'honneur mais aussi d'amour-propre. Un grand procès réunit des battants, des êtres pétris de talent dont l'orgueil est la marque de fabrique. Le petit monde de la justice n'a pas la tendresse de celui de Don Camillo. C'est une jungle où chaque résultat est épié, disséqué, commenté. Quand un ténor prend « une baffe », ce n'est pas parce que sa cause était mauvaise, mais parce qu'il s'est « planté ». Quand un président d'assises est obligé de lâcher un acquittement inespéré, ce n'est pas parce que l'accusé était innocent, mais parce que le président s'est fait « avoir » par la défense.

Et que dire des procès cassés pour vice de forme (manifestation d'opinion, par exemple)... Ils sont la honte des magistrats qui n'ont pas su « tenir » leurs jurés ou surveiller la bonne marche de l'audience.

Le président Xavier Versini est un homme d'expérience. Son ton ironique lui permet d'aborder toutes les questions avec une apparente impartialité. Son style précieux le pose comme un homme bien élevé qui peut évoquer les pires horreurs sans se départir de sa bonne éducation. Ses interventions sont lisses comme un galet. Elles n'offrent pas à la défense la moindre prise.

Comme un peintre impressionniste, le président Versini a abordé le procès par petites touches. Il a campé le cadre de l'affaire, recréé la toile de fond, esquissé le profil des accusés. Quand il a évoqué l'assassinat de Gérard Lelaidier, le trait s'est accentué. Il a forcé le ton, appuyé sur les points sensibles. Maintenant que la structure du procès est bien en place, le président ne s'attarde plus sur les détails. Il va à l'essentiel et ne s'embarrasse plus d'esthétisme. Concernant le meurtre de Laurent Zarade, il interroge Valérie Subra sans ménagement et entre d'autorité dans le vif de la sujette :

– Au départ, vous saviez que Laurent Zarade allait être tué ?

– Oui.

– Qui a pris la décision ?

– Laurent m'a demandé de trouver une nouvelle personne... Je ne... Je pensais...

Valérie éclate en sanglots. Le président laisse passer l'ondée avec tact. Valérie renifle en sourdine, se mouche avec discrétion, s'excuse. Petit signe de la main du président qui compatit mais ne cède pas d'un pouce :

– Donc, votre amant vous demande de trouver une victime. Que faites-vous ?

– Je ne voulais pas continuer, je trouvais cela monstrueux.

– Vous aviez raison, approuve le président avec une apparente sollicitude. Et alors ?

– C'était horrible...

– Puisque c'était horrible, pourquoi n'avez-vous pas renoncé ? Ils ne pouvaient rien faire sans vous, n'est-ce pas ?

Le président Versini semble si bienveillant que Valérie ne voit pas le piège. Elle fonce dans le panneau, tête baissée :

– Non, ils ne pouvaient pas continuer...

L'avocat général Guilloux noircit sa feuille d'une écriture nerveuse. Sans doute admire-t-il, en connaisseur, le travail d'orfèvre du président.

– Alors, pourquoi avez-vous proposé Laurent Zarade ? poursuit le président, qui accouche Valérie au forceps.

– J'étais obligée. Laurent me disait : « Il le faut. Tu es dans le coup ! » Il me menaçait, et je l'aimais.

Le président revient à sa préoccupation première. Il se tourne vers Sarraud :

– Vous aviez besoin d'un milliard pour partir en Amérique et vous n'aviez que mille francs. Cette fois, vous saviez que vous alliez tuer ?

– Oui, monsieur le président. Nous l'avons décidé avant d'aller chez Laurent Zarade. On s'était aperçus que l'on ne pouvait pas faire autrement.

– Vous le saviez donc, vous aussi, Valérie ?

La jeune fille pique du nez, répond avec lassitude :

– Mon opinion importait peu. Moi, j'étais là pour aider. Je ne décidais rien.

Laurent Hattab qui, depuis quelques instants, ne tient plus en place, explose :

– Je conteste ces déclarations ! C'était prévu de voler, pas de tuer. J'ai voulu arrêter après la première agression, mais Jean-Rémy me tenait, alors je forçais Valérie.

Ce n'est pas un coq de banlieue et encore moins un assassin qui risque d'impressionner le président

Versini... Très calme, avec, au coin des lèvres, un léger sourire, il insiste :

– Je suis désolé *(personne n'en croit un mot)*, mais vous avez dit exactement le contraire à la police et au juge d'instruction. Quand Mme Anzani vous a interrogé, votre avocat était présent, n'est-ce pas ?

– ...

– Bien... Vous avez donc déclaré à Mme le juge : « Au cours de la première agression, j'ai compris qu'il fallait éliminer la victime, cette décision a été prise à trois... »

– Je conteste cette déclaration ! persiste Hattab.

Le président passe outre et change son fusil d'épaule :

– Qui a choisi la victime ?

– Je crois que c'est moi, avoue Valérie. Laurent m'a demandé de trouver quelqu'un. Je lui ai répondu que j'avais rencontré un commerçant du Sentier. Laurent m'a dit : « Qui c'est, celui-là ? » Je lui ai dit que c'était un Juif.

– Hattab n'a pas émis d'objection en apprenant que Laurent Zarade était juif comme lui ?

– Non, il a simplement dit : « C'est bon, il doit être riche. »

– C'est donc vous, Hattab, qui avez choisi... conclut le président avec fermeté.

Au terme de bientôt trois journées d'audience, il est clair que chaque accusé provoque des réactions très typées. Dans le cas de Valérie Subra, après la curiosité, c'est le sentiment d'indignation qui domine. Sans elle, comme l'a rappelé le président, rien ne serait arrivé...

La personnalité de Sarraud engendre une horreur instinctive. C'est lui qui tenait le couteau. C'est lui le boucher.

Quant à Hattab, il suscite un agacement sans bornes. Pour la majorité, il nie l'évidence avec une morgue de blanc-bec qui n'a rien prouvé sinon qu'il savait tuer. Feu son aisance matérielle, qui transpire de tous les pores du dossier, est une agression de tout instant. Est-il vraiment plus mauvais que les autres ? Pas forcément. Mais il « passe » mal, et personne, dans l'immédiat, ne lui trouve la moindre circonstance atténuante. Si on admet ses dires, il en a, pourtant. Hattab affirme en effet avoir été débordé par Sarraud lors de l'agression contre Laurent Zarade.

Laurent Zarade... Cet homme qui, au *Martin's*, commit l'erreur, un soir de novembre, de trouver que Valérie avait les plus jolis yeux du monde. Il était jeune et il portait sa famille dans son cœur comme un bien précieux. Il répondit à l'appel de la jeune fille avec un emportement juvénile. C'était le 15 décembre 1988. Il ignorait alors qu'il signait son arrêt de mort...

CINQUIÈME PARTIE

L'ASSASSINAT DE LAURENT ZARADE

23

Laurent Zarade est un homme heureux. Ce n'est pas sa petite amie qui peuplera ses rêves ce soir, mais une jolie fille qui lui tombe du ciel...

Valérie Subra, il l'avait un peu oubliée. Deux ou trois fois, il avait essayé de la joindre au téléphone, mais il avait vite compris que le numéro était bidon. Au moment où son image commençait à se perdre dans les nébuleuses, c'est elle qui l'appelle. Laurent Zarade, qui projetait de se rendre à un anniversaire, laisse tout tomber : sa copine, la fête et même ses amis. Il attend « la nouvelle » de pied ferme. Elle a l'adresse et le code d'accès de l'immeuble. Ils ne peuvent pas se rater...

A 22 heures, en effet, la perverse ingénue pointe le bout de son nez. Laurent Zarade l'introduit avec plaisir dans sa « modeste » demeure. L'appartement a tout pour séduire Valérie. C'est grand, luxueux, raffiné pour ne pas dire recherché. Pas de vieilleries bourgeoises ou de tissus tape-à-l'œil. Les murs sont tendus d'une étoffe saumon qui adoucit les lignes dures du mobilier design. Au milieu de la pièce, il y a un écran géant qui, au besoin, descend d'un enrouleur fixé au plafond. Dans les coins, quelques lampes diffusent un éclairage tamisé.

– Tu m'as refilé un faux numéro ? demande Zarade avec indulgence.

Valérie trouve immédiatement la parade :

– Maman n'aime pas qu'on m'appelle à la maison, c'est pour ça. Mais je vais te donner le bon.

Zarade lui tend une feuille d'agenda. De son écriture ronde et appliquée, Valérie note ses coordonnées. Pour ne pas rester les bras ballants, elle demande, comme toujours, un verre de jus d'orange. Pas différent de ceux qui l'ont précédé, Laurent Zarade se dirige vers la cuisine, Valérie vers la porte d'entrée qu'elle entrebâille légèrement. Pendant qu'elle boit, Laurent Zarade risque un geste tendre...

– Pas ce soir, s'écrie Valérie, on ne se connaît pas assez bien !

Laurent ne s'offusque pas de ce refus. La soirée ne fait que commencer. Ce n'est pas la peine de précipiter les choses.

A sa main gauche, il porte une alliance Cartier : trois anneaux en or entrelacés. Quelques instants plus tard, elle orne le doigt de Valérie. Elle ne cache pas sa joie : la bague est « terrible » !

Cet enthousiasme ne l'empêche pas de garder la tête froide. En douce, elle surveille sa montre : il est 23 h 30. Dans un quart d'heure, les garçons seront là.

Zarade ne compte pas moisir dans l'appartement. Il veut emmener sa nouvelle conquête boire un verre. Cette idée n'est pas une réussite. Elle risque de compromettre gravement les plans du trio. Si le couple se retrouve nez à nez avec Hattab et Sarraud, la confrontation promet d'être chaude...

Heureusement, le téléphone a la bonne idée de sonner à ce moment-là. C'est la petite amie de Zarade qui en a marre de faire de la figuration à l'anniversaire de sa copine. Elle voudrait bien que Laurent vienne la chercher. Mais Laurent a d'autres projets... Zarade prétexte un important rendez-vous d'affaires à minuit. Comme alibi, c'est pas terrible, mais il ne trouve pas mieux. Pendant qu'il patauge au téléphone, un choc sourd retentit à la porte d'entrée. Il lâche le combiné et se précipite. La porte est légèrement ouverte, mais reste bloquée par l'entrebâilleur de sécurité. Il la claque en vitesse et se tourne vers Valérie :

– C'est toi qui as ouvert ?

– Tu avais dit qu'on sortait. J'ai pris les devants...

– T'es folle. C'est vraiment pas prudent...

Sur le palier, plaqués contre le mur, Hattab et Sarraud retiennent leur respiration.

– Quelle conne ! Elle ne sait même pas ouvrir une porte !

– Elle va peut-être essayer une autre fois...

Les deux hommes entendent les pas de Valérie et de Zarade dans le couloir de l'appartement. Ils montent un étage. Valérie et son compagnon appellent l'ascenseur.

Puisque le coup a échoué, Valérie accepte l'invitation à dîner de Zarade. A quoi pense-t-elle, attablée avec cet homme que ses complices devaient assassiner le soir même ? De quoi parlent-ils ? De leurs familles, de leurs projets d'avenir ? Même pour un bourreau, il est difficile de rester en tête à tête avec un homme qu'il va exécuter. Que dire alors d'une toute jeune fille dont ce n'est pas le métier...

Au sortir de ce repas d'amoureux, Zarade propose d'aller chez *Régine*. Pour Valérie, entrer chez *Régine*, c'est une embellie de première. Carrément inespéré. *Régine*, en matière de boîtes, c'est le top des tops. Une Terre promise qu'elle désespérait de fouler. Elle accepte plutôt deux fois qu'une. L'ennui, c'est que l'on ne va pas chez la grande prêtresse de la nuit en tenue de combat. Il faut être sur son trente et un...

Zarade n'est pas un homme compliqué. Comme il n'est pas à une heure près, il emmène Valérie chez sa mère, rue Wagner.

Maman n'est pas encore couchée. Valérie raconte l'épopée : le resto, *Régine*, la belle alliance qui brille à son doigt. Elle hésite devant la penderie, sort une jupe, une autre, un pull moulant, un chemisier transparent. Essaie, re-essaie, s'énerve, « Faut que je me grouille ! », tranche au petit bonheur la chance et replâtre un peu son joli museau.

Pour une fois, Valérie change de secteur. Il est 2 heures du matin et la voiture file vers le boulevard du Montparnasse. Malheureusement, la célèbre boîte est réservée pour une soirée privée. Pour une déception, c'est une déception... Valérie ne s'en remet pas.

– Ce n'est pas grave, on y retournera une autre fois ! promet Zarade.

Mais il n'y aura pas d'autre fois, Valérie le sait très bien.

Faute de *Régine*, le couple termine la nuit à *L'Apocalypse* avec Serge, un ami de Zarade. Entre deux danses, Valérie explique à son cavalier que son « fiancé » est « un violent qui est capable de tout s'il [les] voit ensemble ». Prépare-t-elle le terrain en pensant à l'avenir ou cherche-t-elle, par jeu, à rendre Zarade un peu jaloux ? Toutes les suppositions sont permises...

L'heure avance et Valérie se souvient subitement que ses complices doivent être à sa recherche. Elle téléphone à son quartier général, le *Martin's*. Le barman lui signale que les garçons l'attendent « immédiatement » à l'appartement de Neuilly. Cet « immédiatement » ne dit rien qui vaille à Valérie. Il y a de l'orage dans l'air. Elle a intérêt à écourter la soirée si elle ne veut pas prendre une dégelée...

Laurent Zarade, lui, a une autre idée. Il propose à la jeune fille de finir la nuit, bien au chaud, chez lui. Elle refuse. Il la raccompagne.

A peine Valérie a-t-elle poussé la porte de sa chambre que le téléphone se met à sonner. C'est Hattab, de fort méchante humeur :

– Qu'est-ce que tu as fabriqué ? On t'a cherchée partout ! Bouge pas, j'arrive !

Et il arrive, en effet, fou de rage.

– Où tu étais ?

– J'ai été chez *Régine* et à *L'Apo*...

– Pourquoi tu n'as pas ouvert la porte chez Zarade ?

– Je l'ai fait, mais j'ai oublié le truc.

– Quel truc ?

– L'entrebâilleur...

Difficile de savoir ce qui énerve le plus Hattab : la soirée avec Zarade ou la porte mal ouverte. Valérie n'a pas le temps de jouer aux devinettes. La réponse lui parvient sous forme d'une gifle retentissante. Hattab est déchaîné. Il la traite de bonne à rien, la menace. Sarraud surgit des profondeurs de la salle de bains et tente de séparer les combattants. Ses paroles d'apaisement ne trouvent guère d'écho. Valérie pleure et Hattab crie. Il les laisse régler leurs comptes et va préparer du café dans la cuisine.

La trêve dominicale a peu d'effet sur les nerfs de Hattab. Il a décidé de « faire » Laurent Zarade le soir même. Cette fois, Valérie a compris. Elle ne risque pas d'oublier l'entrebâilleur. En même temps qu'elle appuie une compresse sur son œil endommagé, elle dessine le plan de l'appartement. D'une voix neutre, elle propose :

– Je lui ai raconté que j'avais un petit ami très jaloux. On peut inventer que tu nous as suivis...

– C'est une bonne idée, approuve Sarraud, comme ça, il ne pensera pas qu'on veut le tuer. Ça sera plus facile...

Il est 15 heures, et Laurent Zarade dort encore, sa petite amie serrée contre lui. L'appel de Valérie tombe plutôt mal. Il quitte la chambre à pas de loup et s'isole dans le bureau. Sans savoir que ses propos résonnent dans un amplificateur et que Sarraud et Hattab n'en perdent pas un, il se répand en compliments. Quelle merveilleuse soirée ! Quel plaisir, ce dîner en tête à tête ! C'est simple, il ne demande qu'à recommencer quand elle veut, où elle veut. Et pourquoi pas ce soir, à 22 h 30 ? Valérie donne son accord. A l'heure dite, Laurent Zarade l'attendra en bas de chez elle...

24

– Ne bouge pas. Je prépare le dîner.

Laurent Zarade a bien fait les choses. Il a acheté leur pique-nique chez Clouet, un traiteur réputé. Au menu : salade grecque, saumon fumé de Norvège sur tranches de pain de campagne, crème de roquefort. Le jeune homme dispose le festin sur des assiettes en faïence, installe le tout sur un plateau en laque noire. Quand il revient dans le salon, Valérie, croit-il, n'a pas bougé d'un pouce. En fait, elle a filé comme une comète dès qu'il a eu le dos tourné. La porte est désormais ouverte, et bien ouverte...

Zarade continue de jouer au maître de maison. Il déplie une nappe à carreaux bleus et blancs, l'étale sur la table basse. Les couverts, deux verres en cristal... Mademoiselle est servie !

Comme mademoiselle a un petit creux, elle attaque le saumon avec un appétit de bébé requin. Sous l'œil amusé de Zarade qui refuse de dîner, elle grignote le roquefort, s'abreuve de jus d'orange.

Après cet intermède gastronomique, Valérie propose à Zarade de se replier vers la chambre à coucher. Il n'en demandait pas tant et surtout n'espérait pas une conclusion aussi rapide. Il ne se fait pas tirer l'oreille pour emmener la belle dans son antre.

Avec ses murs noirs et sa moquette beige, la chambre est aussi raffinée que le reste de l'appartement. Galant, Zarade se garde bien de passer tout de suite à l'action. Il suggère d'allumer la télé et de regarder un film, confortablement installés sur le lit. Valérie accepte. Elle s'allonge contre Laurent Zarade qui fond de bonheur. Il est 23 h 30. Le film est un navet, mais la nuit est si douce...

– Bougez pas ou on vous descend !

Valérie sursaute, s'exclame :

– Laurent, qu'est-ce que tu fais là ?

– Espèce de salope ! C'est comme ça que tu es chez ta grand-mère ?

Zarade est cloué sur le lit. Il n'arrive pas à détacher les yeux de la bouche noire des revolvers. D'une voix éteinte, il demande à Valérie :

– Qui c'est, ce type ?

– Je suis son copain ! gueule Hattab, hors de lui. Depuis hier soir, on vous suit. Je sais que vous étiez à *L'Apo* ensemble.

Valérie, qui connaît son rôle par cœur, veut en rajouter. Hattab lui coupe la parole. Les veines de son cou sont gonflées par la colère, sa main tremble.

– Ferme-la ! On va régler son compte à ton mec. Quant à toi, tu perds rien pour attendre !

Zarade essaie de rassembler ses idées. Ce n'est pas un froussard et il cherche par tous les moyens à sortir de l'impasse.

– Voyons, calmez-vous. Je vous promets qu'il ne s'est rien passé entre Valérie et moi...

Hattab n'écoute même pas. Il se tourne vers Sarraud. L'ordre qu'il lui donne claque comme un coup de fouet :

– Attache-les !

Sarraud ramasse le couteau à pain sur la table basse et part à la recherche de liens. Dans le bureau, il aperçoit des cordes à rideaux qui pendent de la fenêtre. Il les tranche à ras et retourne dans la chambre.

Hattab n'est pas calmé. Son excitation dépasse le cadre du scénario. Au fond, il est vraiment jaloux. Même si c'est en tout bien tout honneur, ce type a quand même passé une partie de la nuit avec Valérie... Evidemment, si elle s'est retrouvée, le temps d'un slow, dans les bras de Zarade, c'est parce qu'il l'y avait poussée. Mais ça, il ne veut pas le savoir. Ce mec a dragué Valérie, et c'est tout ce qui compte !

Sarraud attache sans ménagement les poignets et les chevilles de Zarade. La corde cisaille la chair, l'homme gémit. C'est ensuite au tour de Valérie. Sarraud arrache la chaîne en or que Zarade porte autour du cou pendant que Hattab le dépouille de sa montre.

– Où t'as caché ton fric ?

– J'en ai un peu dans la poche de mon pantalon...

Sarraud récupère treize cents francs, rafle une Rolex en acier et une chaîne en or sur la table de nuit.

– T'as pas d'argent ailleurs ?

– Dans la bibliothèque, en face du lit... Il est caché dans un livre, le deuxième en partant de la gauche.

A l'intérieur du livre, en effet, il y a trois mille francs. Le coup s'annonce plus rentable que celui de Lelaidier...

La sonnerie du téléphone les fait tous sursauter. Un coup et demi, et la sonnerie s'arrête. Hattab et Sarraud restent figés.

– Pourquoi ça sonne comme ça ?

L'occasion est trop belle. Zarade ment effrontément :

– C'est la police. Les flics me surveillent et ils veulent savoir si tout va bien...

Sarraud et Hattab cogitent. Ils sont inquiets et dialoguent à voix basse. Ficelé sur le lit, Zarade les observe. Il vient de marquer un point, mais il sent, d'instinct, qu'il a peu de chances de s'en sortir. Il doit intervenir, créer un contact.

Il s'adresse à Hattab, qu'il pense être le chef. Il découvre qu'il est, comme lui, juif tunisien. Zarade lui parle de leurs origines communes, invoque leur solidarité raciale... Cette discussion trouble Hattab.

Un quart d'heure s'écoule. Zarade a soif et Sarraud va lui chercher de l'eau dans la cuisine. La situation s'éternise et personne ne trouve un moyen d'en sortir. Subitement, Hattab ordonne à Valérie de descendre dans la rue.

– Il y a quelqu'un qui t'attend en bas. Rentre immédiatement à la maison !

Quel regard suppliant Zarade a-t-il jeté à ce moment-là sur Valérie ? A-t-il espéré qu'elle irait chercher de l'aide et qu'elle le ferait libérer ? Combien de temps a-t-il cru en son retour ?

Pendant que Zarade se perd dans de vains espoirs, Hattab fouille dans le bureau. Dans les tiroirs, il trouve deux chaînes en or, un bracelet. Dans un portefeuille, il découvre mille francs. Il prend aussi un carnet d'adresses au cas où le nom de Valérie y figurerait et rejoint Valérie qui n'a pas obéi à son ordre. A son tour, elle furète dans le portefeuille, empoche des tickets de métro et, quelques minutes plus tard, se réfugie dans la Lancia garée au coin de la rue.

Le temps passe et Valérie en a assez de jouer les potiches dans une voiture. Elle décide de téléphoner à l'appartement de Zarade. De nouveau, la sonnerie retentit dans le salon. Un coup et demi, et plus rien. Les garçons n'ont pas compris que c'est le répondeur qui se déclenche à chaque appel. Ils sont de plus en plus énervés.

Hattab a découvert les cadeaux de Noël que Zarade destinait à sa famille. Il arrache les rubans, déchire le papier. Il y a quatre stylos Dupont, un agenda, une ceinture et un briquet de marque Cartier, un porte-clés bordeaux. Il enfourne le tout dans son blouson et revient dans la chambre où Sarraud monte la garde. Hattab se plante devant Zarade :

– Tu ne m'avais pas dit que tu avais des bijoux... Tu croyais que j'allais pas les trouver, ou quoi ? Je te préviens que si tu as un coffre, tu ferais mieux de le dire, sinon ça va mal aller !

Zarade jure qu'il n'y a plus rien. Hattab est sceptique. Il traîne sa victime jusqu'au bureau, l'allonge sur un lit. Comme des possédés, Hattab et Sarraud fouillent méthodiquement la pièce. Pas de trésor caché, que des cassettes vidéo empilées dans des cartons. Les deux garçons sont déçus et fatigués. Il s'asseyent en silence à côté de Zarade qui n'ouvre plus la bouche. Comment vont-ils sortir de ce bourbier ? Les minutes, puis les heures défilent et ils ne se résolvent pas à passer à la phase finale.

Pour la troisième fois, le téléphone retentit. La sonnerie, qui déchire le silence, donne la chair de poule aux deux agresseurs. Zarade insiste :

– C'est la police qui appelle...

Hattab serre si fort son 7,65 que les jointures de ses doigts blanchissent. Il quitte le bureau, entraîne Sarraud dans le salon. Faut le descendre ! Pratique, Sarraud ramasse la télécommande et hausse le son du magnétoscope :

– Ça amortira le bruit...

Hattab a toujours le 7,65 dans la main, mais le cœur n'y est pas. Il avoue :

– Je ne peux pas...

Dans la Lancia, Valérie est sur des charbons ardents. Elle poireaute depuis plus d'une heure et sa patience est à bout. Elle attrape un Kleenex et griffonne dessus « Bastille ». Quand ses complices le découvriront, ils comprendront qu'elle est chez sa mère. Elle appelle un taxi, rentre rue Wagner.

4 heures du matin. Laurent Zarade est mort. Recroquevillé sur la moquette du bureau, il est allongé sur le dos. Sa tête est recouverte d'un peignoir en éponge et une écharpe bleue est étroite-

ment serrée autour de son cou. Le lobe de son oreille droite est déchiré. Sa joue et sa mâchoire sont trouées. Cinq plaies balafrent sa poitrine. Le sang s'est figé sur son polo Lacoste qui est souillé de taches rouges. L'homme a été étranglé et achevé avec un coupe-papier.

Hattab et Sarraud claquent la porte de l'appartement de Laurent Zarade. Ils descendent l'escalier sans bruit, s'éloignent rapidement. La nuit est froide et il n'y a pas âme qui vive. La voiture est toute proche. Hattab cherche la clé de contact. Le coup de tonnerre d'une détonation le cloue sur place. Sarraud s'affole :

– Que se passe-t-il ?

Hattab est blême. En cherchant la clé, il a dû appuyer sur la détente, le coup est parti tout seul... Par chance, le canon de l'arme était dirigé vers l'extérieur du blouson. Il n'y a pas de dégâts, juste un trou rond dans le cuir. Après avoir récupéré la douille qui a roulé dans le caniveau, Hattab et Sarraud découvrent le message de Valérie.

Décidément, c'est la poisse ! Cette idiote a gardé les clés de l'appartement de Courbevoie. Où vont-ils dormir ? Ils foncent chez Valérie, mais il est trop tard pour réveiller la maisonnée. Ils se garent et, pour occuper le temps, se partagent le butin. Après un somme réparateur, ils retrouvent enfin Valérie.

C'est à son tour d'être de mauvaise humeur. Pourquoi a-t-elle attendu si longtemps dans la voiture ? Pour le plaisir, Hattab raconte leur expédition en la pimentant quelque peu...

– On a eu des problèmes. Les flics nous sont tombés dessus...

Valérie ouvre des yeux grands comme des soucoupes. Sarraud renchérit :

– Ils nous ont surpris juste quand on quittait l'immeuble...

– Et ils nous ont tiré dessus ! affirme Hattab crânement.

En plein délire, Sarraud montre le trou dans le blouson :

– Heureusement que je l'ai poussé, sinon il se prenait la balle en plein bide...

– Ouais, j'ai eu chaud !

Valérie ne cherche pas à en savoir davantage. Les exploits de Hattab et de Sarraud ne l'intéressent pas. Pour ses bons offices, elle reçoit une chaîne en or, deux stylos Dupont, un agenda et une ceinture Cartier ainsi que deux mille francs en liquide. Ce n'est pas encore l'Amérique, mais faute de grives...

25

Qui a tué Laurent Zarade ? Qui a serré si fort l'écharpe que l'étoffe s'est imprimée dans la chair ? Est-ce Hattab qui l'a frappé au visage avec le coupe-papier ? Est-ce Sarraud qui l'a achevé en le poignardant ?

Valérie Subra, qui attendait dans la voiture, n'a pas assisté à la scène. Son témoignage est donc sans valeur. Pour se forger une conviction, la cour et le jury doivent se raccrocher aux déclarations des deux accusés. Des déclarations diamétralement opposées...

Pour Jean-Rémy Sarraud, Hattab est aussi responsable que lui, sinon plus :

– Laurent voulait tuer Laurent Zarade au 7,65. J'ai monté le son du magnétoscope pour couvrir le bruit, mais Laurent n'a pas pu. Alors, il a pris un coupe-papier sur le bureau et il a frappé à plusieurs reprises. Sous l'impact, Zarade s'est mis à hurler. Alors on a pris l'écharpe à deux pour l'étrangler, mais elle a craqué. Comme Zarade criait toujours, je suis allé chercher un peignoir dans la salle de bains et je l'ai appuyé sur sa bouche. J'ai maintenu Zarade, et Laurent l'a de nouveau frappé, à plusieurs reprises, avec le coupe-papier.

La version de Sarraud irrite profondément Hattab :

– C'est faux ! Je suis sorti de la pièce et je suis allé dans le salon avec Jean-Rémy. Il m'a dit : « Je vais le questionner. » Je lui ai répondu : « Ne lui fais rien. » Il s'est éloigné et, quand il est revenu, il avait du sang sur son pantalon. C'est lui qui a tué. Rien que lui !

Le président Versini ne s'en laisse pas conter :

– Vous avez pourtant déclaré à la police : « Jean-Rémy s'est assis sur le lit, près de la tête de Zarade. J'ai porté un coup avec le coupe-papier. »

– C'est la police qui l'affirme. Je conteste ces déclarations !

– C'est donc les inspecteurs qui ont inventé tout cela ?

– Je suis innocent et... je le prouverai ! s'exclame Hattab d'un air entendu.

Cette déclaration vibrante courbe un peu plus les épaules de son défenseur, Me Paul Lombard. L'avocat n'a pas le choix. Il doit prouver que son client n'a pas trempé dans le deuxième meurtre. Les parents de Hattab sont convaincus de l'innocence de leur fils et ils n'admettraient pas un autre système de défense. La tâche sera rude, d'autant que Sarraud, qui n'a plus rien à perdre, semble respirer la sincérité.

Pour l'avocat général Guilloux, la culpabilité de Laurent Hattab est évidente. Il ne gaspille donc pas son énergie à la prouver. En revanche, le sort de la petite Subra le préoccupe beaucoup. Même si, comme il le prétend, elle a visionné une vidéo pendant que ses complices « cuisinaient » Zarade, elle n'était pas présente pendant l'assassinat...

Pour l'accusation, cette absence est cruelle. M. Guilloux, qui n'est pas né de la dernière pluie, imagine très bien les arguments de la défense... Non seulement la jeune enfant était un jouet dans les mains de Hattab, mais, en plus, elle n'a jamais assisté *de visu* aux agressions. Valérie n'a pas vu le sang couler, les victimes se débattre. Comme l'ont expliqué les psychiatres, elle n'a pas eu la possibilité de « matérialiser » les faits.

Cette réalité ennuie considérablement l'avocat général. Comment contourner l'obstacle ? Car il n'est pas question que Mlle Subra se sorte de la nasse...

M. Guilloux a plus d'un tour dans son hermine. Il revient sur le choix de la victime :

– C'est vous, Valérie Subra, qui avez donné des éléments d'information sur Laurent Zarade ?

– J'ai dit que c'était un commerçant aisé du quartier du Sentier...

– Avez-vous dit à Hattab que Laurent Zarade avait moins de trente ans ?

Valérie Subra est désarçonnée. Elle flaire l'embrouille, mais ne comprend pas l'intérêt de la question.

– Peut-être...

M. Guilloux prend son temps. Il consulte un instant ses notes, repose les feuilles avec lenteur, se redresse. Chacun retient son souffle, sachant que, comme un chat, l'avocat général va foncer, toutes griffes dehors.

– Laurent Zarade était-il sympathique ?

Le cœur de Valérie rate une marche.

– Je ne le connaissais pas personnellement. Quand je l'ai rencontré la première fois en boîte, nous n'avons pas beaucoup discuté. Après... disons qu'il n'était pas méchant avec moi...

Si la jeune fille croit en avoir terminé avec les assauts de l'avocat général, elle se trompe. Sa réponse ne le satisfait pas. Mieux, elle l'énerve. C'est une réponse hypocrite...

– Qu'avez-vous fait avec lui, en boîte ? Il n'a pas pu ne pas vous faire quelques cajoleries...

– ...

– Allons, répondez-moi ! La question vous dérange ? Eh bien, je vais la formuler différemment : Laurent Zarade vous était-il sympathique ou antipathique ?

Valérie Subra conserve un mutisme prudent. Au banc de la partie civile, Me Francis Szpiner, l'avocat de la famille Zarade, boit du petit-lait. A voix basse, il chuchote à l'intention d'un journaliste :

– Elle est coincée. Si elle répond « sympathique », son crime est encore plus odieux. Si elle répond « antipathique », elle salit la mémoire de l'homme qu'elle a fait assassiner...

Valérie est acculée. Elle garde encore quelques instants le silence, puis se met à glapir d'une voix suraiguë, quasi hystérique :

– Pourquoi vous en prenez-vous toujours à moi ? Pourquoi c'est moi, toujours moi, rien que moi !

Les mains serrées sur la rambarde en bois, le visage défiguré par les larmes, Valérie est secouée de sanglots. Elle continue de provoquer l'avocat général qui s'en voudrait d'être troublé par cette prise à partie.

– Pourquoi vous acharnez-vous toujours contre moi ? Pourquoi vous n'en voulez qu'à moi ?

L'accusée a beau être une criminelle, les jurés sont secoués. Jusqu'à maintenant, le doigté du président avait évité les débordements. Les détails les plus atroces avaient été évoqués avec dignité. Ce climat réservé ne laissait pas envisager une scène pareille. Cette fille qui se débat en vociférant les met mal à l'aise. C'était une garce, elle redevient une gamine qui hurle comme une bête.

Les cris de Valérie Subra résonnent dans la cour d'assises, se répercutent jusque dans les couloirs. A bout de forces et d'énervement, elle s'écroule sur le sol, le corps secoué de spasmes.

Est-ce la pression du procès qui soudain l'étouffe ou le seul moyen qu'elle a trouvé pour ne pas répondre à la question ? L'avocat général ne croit pas un instant à la sincérité de cet éclat. Mais comme « l'évanouissement » de Valérie risque d'avoir un certain impact, il s'exclame, théâtral :

– Enfin, un moment d'émotion !

Valérie Subra est évacuée de la cour d'assises.

Pendant qu'elle est examinée par un médecin dans une salle annexe, Me Jean-Louis Pelletier en découd avec M. Guilloux. L'altercation est violente, aucun ne veut baisser pavillon. L'échange devient si vif que Me Pelletier en appelle à l'autorité du président :

– J'aimerais que l'avocat général me parle sur un autre ton !

Cette exclamation enlève l'adhésion d'une partie du public. Sans doute les familles des accusés qui ne supportent plus le terrorisme oratoire de M. Guilloux et qui le font savoir. Une salve d'applaudissements retentit au fond de la salle. L'avocat général, qui s'était rassis, se lève immédiatement. Il se campe très droit sur ses pieds, se tourne vers le public et hurle à son adresse :

– C'est ça ! Applaudissez une femme qui a décidé de la mort de deux hommes !

Cette parade produit l'effet escompté. Un silence embarrassé succède au tapage. Le président pousse un soupir de soulagement, mais comme l'accalmie risque de tourner court, il en profite aussitôt pour suspendre l'audience.

26

A *La Buvette du Palais*, Me Francis Szpiner tient salon. Attablé avec les journalistes, il confie son sentiment sur la « séance » de Valérie Subra. Comme la plupart de ses interlocuteurs manquent d'inspiration, sa théorie connaît un certain succès. Ce n'est pas qu'elle soit très originale, mais elle a l'avantage de donner des idées à ceux qui en manquent cruellement... Avec des mines de Sioux sur le sentier de la guerre, le petit maître abat ses cartes :

– Croyez-moi, avec le piège tendu par Guilloux, Valérie n'avait qu'une seule issue : la crise de nerfs !

L'assemblée communie, mais s'empresse d'abandonner le stratège quand Me Jean-Louis Pelletier pénètre à son tour à *La Buvette*. Il y a fort à parier qu'il n'a pas le même point de vue sur l'événement. Opposer les deux thèses peut être intéressant...

A bonne distance, les jurés s'humectent eux aussi le palais. Comme le président le leur a ordonné, ils parlent de tout sauf de l'affaire. Cette discrétion ne les empêche pas de lancer des regards curieux vers les autres tables et de tendre l'oreille au besoin...

Mme Raymonde valse entre les groupes, son plateau à la main. Rompue au rythme des audiences, elle sait qu'une suspension dure rarement plus d'une demi-heure. Tout en servant les chopes de bière et les Perrier-citron, elle glane quelques informations sur le procès, histoire de se tenir au courant. Elle apprend que l'avocat général est au sommet de sa forme, que Valérie Subra a des vapeurs et que le président a eu chaud...

Maintenant que les participants sont abreuvés et un brin reposés, ils peuvent regagner l'arène. C'est au tour du médecin légiste de déposer.

Pour les familles des victimes, le compte rendu d'une autopsie est une épreuve insoutenable. Si encore l'expert se contentait de livrer ses conclusions... Mais il explique dans le détail comment il a « ouvert le cadavre avec une incision mento-pubienne » et comment il a « sectionné le cuir chevelu et la voûte crânienne à la scie ».

Cette activité macabre étant son lot quotidien, l'homme de l'art a du mal à comprendre qu'elle puisse choquer le profane. Il débite sa petite histoire avec le naturel d'une ménagère qui confierait une recette de cuisine à sa meilleure amie. Il faut dire que, comme tous les légistes, il est amoureux de son métier. Pour lui, il y a longtemps que le corps d'un homme se réduit à un ensemble d'organes plus ou moins congestionnés. La poitrine est un thorax, le ventre une cavité abdominale. Après avoir extirpé la rate, les poumons et le reste, il trouve tout à fait logique de les découper en tranches et de les hacher. Cette sinistre besogne n'empêchera pas le brave homme de faire honneur à son déjeuner...

Les jurés, qui n'ont pas son habitude, supportent assez mal l'évocation. Il y a quelques minutes, une des sœurs de Laurent Zarade est sortie en larmes de la salle d'audience. Momentanément freiné dans son élan, le médecin légiste a repris le fil de son exposé. Le jury apprend que le cœur de la victime pesait trois cent trente grammes, son foie un kilo six, et que Zarade est mort autant par asphyxie que par hémorragie.

Me Francis Szpiner, qui s'accommode assez bien

de l'ambiance, revient à la charge. Est-ce l'écharpe ou le coupe-papier qui a provoqué la mort ?

Le médecin serait bien en peine de donner une réponse définitive. L'une ou l'autre a pu tuer Laurent Zarade, à moins que ce ne soient les deux en même temps... Pendant que l'avocat s'entête à faire dire à l'expert ce qu'il ne veut pas dire, un appariteur sort l'écharpe de sa vitrine. Cette banale étoffe bleue est devenue une pièce à conviction. Comme telle, elle circule entre les mains des jurés qui l'empoignent chacun à leur tour.

Cette diversion réaliste ne stoppe pas Me Szpiner qui continue de pinailler. Sa démonstration n'est pas gratuite, elle vise directement Laurent Hattab. Même si l'accusé n'a pas touché au coupe-papier, tout semble indiquer qu'il a serré l'écharpe autour du cou de Zarade. Et comme Zarade est également mort par asphyxie...

Le commissaire Flaesch, qui succède à l'expert, apporte de l'eau au moulin de l'accusation. Il assure sans appel :

– Hattab décidait, c'était le chef. Sarraud était l'exécuteur.

Cette affirmation n'arrange pas les affaires de Me Paul Lombard. Le témoignage des policiers est sans appel. Ils ne feront pas de cadeau à Hattab. Ils ne portent d'ailleurs pas les trois accusés dans leur cœur. Si la sœur de Laurent Zarade n'avait pas joué les détectives, ils seraient peut-être encore en train de piétiner. Pour être flics, ils n'en sont pas moins des êtres humains. Leur fierté a été sérieusement égratignée...

Comme tous les jours de la semaine, à 4 heures précises, la femme de ménage de Laurent Zarade ouvre la porte de l'appartement.

Mme Lopez allume la lumière, pénètre dans le salon. Contrairement à l'habitude, la pièce est en désordre. Sur la table basse, un reste de salade moisit dans une assiette, le cendrier déborde de mégots. Elle se dirige vers la fenêtre et remarque, sur un fauteuil, le téléphone du bureau...

Etonnée autant qu'apeurée, Mme Lopez ne poursuit pas ses investigations. Elle rebrousse chemin. Comme elle a la clé de l'appartement des parents de Laurent Zarade, situé sur le même palier, elle téléphone à la mère et au frère de son patron.

Inquiet, le frère de Laurent Zarade saute dans le métro. Une demi-heure plus tard, il entre à son tour dans le salon. Il parcourt les pièces en vitesse, s'aperçoit que le bureau est fermé. D'un coup de pied, il fait sauter la serrure. En entendant un hurlement, Mme Lopez se précipite et risque un coup d'œil dans la pièce. Dans l'obscurité, elle ne voit qu'un peignoir rose jeté sur le sol...

Le commissaire Flaesch, de la brigade criminelle, arrive très vite sur les lieux. Avec le commissaire Morin, il note l'emplacement du corps, se livre aux constatations d'usage. La porte s'ouvre, une petite femme brune à l'allure décidée se plante au milieu de la pièce.

– Ce bruit est insupportable !

Elle attrape la télécommande, éteint le magnétoscope qui bourdonnait dans le vide. L'écran blanc se voile. Sans s'adresser aux policiers, elle murmure :

– C'est exactement le même scénario que dans l'affaire Lelaidier ! Mêmes liens, mêmes coups de couteau dans la poitrine...

Soupçonneux, le commissaire Flaesch lui demande sèchement :

– Comment savez-vous cela ? Qui êtes-vous ?

Chantal Zarade est la sœur de la victime. Elle est avocate et elle a été prévenue de la mort de son frère par téléphone. Plus tard, elle racontera :

– Quand on m'a annoncé la nouvelle, j'étais dans mon cabinet et je recevais un client. Je me suis levée d'un bond et je l'ai repoussé avec les mains. Evidemment, il n'a rien compris à mon attitude... Je suis sortie de la pièce comme une somnambule et je suis tombée dans les pommes. Dès que j'ai été remise, j'ai foncé dans ma voiture. Lorsque je suis arrivée à l'appartement de mon frère, il y avait les policiers du quartier et de l'identité judiciaire. Je n'ai pas voulu voir le corps. On m'avait raconté par téléphone dans quel état il était. C'était trop affreux... Je garderai toujours en mémoire la table basse du salon : les deux couverts, le saumon, la salade grecque... Un seul couvert avait servi. C'est moi qui ai jeté tout cela, plus tard, à la poubelle. Avant que les policiers ne mettent les scellés...

Chantal Zarade est une battante. Son chagrin devient un moteur puissant. Elle est incapable de rester les bras croisés. Elle doit, elle veut participer au travail des policiers. Au palais de justice, dès qu'elle a fini de plaider, elle file dans le bureau du commissaire Flaesch. Malheureusement, le crime a été commis deux jours auparavant et l'enquête avance lentement. Serge, qui était avec Zarade et Valérie à *L'Apocalypse*, la veille du drame, vient témoigner. Les flics apprennent que la victime était, ce soir-là, avec « une jeune fille brune ». Un portrait-robot est élaboré. Mais les filles brunes pullulent dans Paris. Trouver celle qui accompagnait Zarade revient à chercher une aiguille dans une meule de foin... Il faut attendre que l'enquête progresse, la découverte d'éléments nouveaux.

Chantal Zarade n'a pas du tout envie d'attendre. Elle veut débusquer l'assassin de son frère. Cette obsession lui tient la tête hors de l'eau, l'empêche de sombrer dans le désespoir. Elle s'improvise détective, passe des dizaines de coups de fil, interroge tous ceux qui ont côtoyé Laurent.

Dans le quartier du Sentier, la nouvelle de la mort de Zarade a fait l'effet d'une bombe. Dans cet entrelacs de rues commerçantes, chacun y va de son commentaire. Tout le monde connaissait le jeune homme et sa famille. Chez les putes qui hantent le quartier comme chez les marchands de fripes, l'émotion est à son comble. L'assassinat de Zarade est un scandale qui mobilise les troupes.

Chantal profite de cet émoi, de la solidarité formidable qui unit les commerçants. Elle met les bouchées doubles, va de porte en porte, questionnant les uns, écoutant les autres. Le téléphone arabe fonctionne à plein régime.

Le jeudi 20 décembre 1984, quatre jours après le crime, elle apprend que la mystérieuse fille brune s'appelle Chantal et qu'elle est vendeuse à la boutique *Jeep*, rue du Caire. Aussitôt, elle communique cette précieuse information au commissaire Flaesch. Dix minutes plus tard, le tuyau s'affine : la fille ne se nomme pas Chantal, mais Valérie...

Immédiatement, au quai des Orfèvres, deux inspecteurs passent au crible les agendas retrouvés chez Gérard Lelaidier et Laurent Zarade. Sur celui de l'avocat, ils retrouvent le prénom Valérie, flanqué de deux numéros de téléphone. Sur une feuille volante découverte chez Zarade, est inscrit le même prénom, suivi également d'un numéro. L'agenda et la feuille comportent un numéro identique. Pas de doute, les victimes connaissaient la même Valérie !

Prudents, les inspecteurs interrogent les renseignements téléphoniques. Il reste un numéro sur l'agenda de Me Lelaidier, à quoi correspond-il ? C'est celui de la boutique *Jeep*, rue du Caire !

Les flics se frottent les mains. Cette fois, ils tiennent la bonne piste ! Sans attendre, trois inspecteurs, solidement enfouraillés, se précipitent dans une voiture banalisée. Malgré les encombrements – le quartier du Sentier est la bête noire des chauffeurs de taxi et des automobilistes –, ils débarquent en trombe devant le magasin.

A l'intérieur, le patron de la boutique n'en mène pas large. Des flics à l'heure du déjeuner, que cherchent-ils ?

Fidèles à leurs habitudes, les inspecteurs n'indiquent pas la raison de leur présence. Ils assurent qu'ils sont là pour un simple contrôle de routine.

– Avez-vous une employée du nom de Valérie ?

– Oui, c'est même la seule employée féminine de la maison...

L'inspecteur garde son calme. Rien, dans son attitude, ne trahit une quelconque fébrilité. D'une voix détachée, il demande tranquillement :

– Elle est là ?

Le patron de Valérie est inquiet. Ses affaires sont claires mais, quand même, avec les flics, on ne sait jamais... Sans mesurer l'importance de la question, il répond, le petit doigt sur la couture du pantalon :

– Bien sûr. Vous voulez que je l'appelle ?

Les inspecteurs ne se le font pas dire deux fois. Ils opinent du chef, ravis de la tournure que prennent les événements.

– Valérie ! Il y a du monde qui te demande...

Valérie descend avec précaution le petit escalier en colimaçon. En un éclair, les flics remarquent ses cheveux longs et noirs, son teint pâle. Cette fille qui s'avance vers eux correspond tout à fait au portrait-robot...

Les policiers se présentent. Valérie dissimule son trouble. Son cœur tape comme un sourd et elle a les mains moites. Elle décline son identité, explique qu'elle habite chez sa mère, rue Wagner. Pour se donner une contenance, elle sort un paquet de chewing-gums et en offre aux policiers.

Rompus aux techniques de déstabilisation, les inspecteurs laissent s'installer un léger silence. Ils ont remarqué les bijoux Cartier qui ornent le poignet et le cou de Valérie, l'alliance qui n'a pas quitté son doigt depuis l'agression...

– Vous connaissez Laurent Zarade ?

– Non, je ne crois pas...

L'étau se resserre, la seconde question est beaucoup plus précise :

– Pourtant, des témoins vous ont vue avec lui, samedi soir, à *L'Apocalypse*...

Valérie ne se laisse pas démonter. Elle feint la

surprise, puis, comme si la mémoire lui revenait, elle affirme :

– Ah, oui ! Bien sûr ! Laurent... Mais je ne connais pas son nom de famille. J'étais bien avec lui samedi. A la fin de la soirée, il m'a raccompagnée chez moi...

– Et le dimanche, vous étiez avec lui ?

– Oui, je suis allée à son domicile, mais ne me demandez pas l'adresse, je ne la connais pas...

Ces réponses évasives ne dédouanent pas Valérie. Depuis leur entrée dans le magasin, les flics savent qu'ils vont l'embarquer. Mais en douceur, comme il se doit. Pour éviter les débordements, ils précisent, comme ils le font toujours, que l'intéressée sera entendue en qualité de témoin.

La tête dans les épaules, la mine aussi délavée que son jean, Valérie grimpe dans la voiture, étroitement encadrée par les trois inspecteurs. Mais ce n'est pas vers le quai des Orfèvres que le véhicule se dirige. Les policiers se rendent rue Wagner, au domicile de maman...

Poliment, les flics sonnent à la porte de l'appartement. C'est la grand-mère de Valérie qui ouvre. Affolée, elle presse les inspecteurs de questions pendant que Valérie les conduit dans sa chambre. Une chambre de petite fille avec des ours en peluche qui semblent l'attendre sur le lit.

Les flics ratissent la pièce avec application. Ils soulèvent le matelas, fouillent dans les tiroirs. Sur une étagère, ils découvrent un stock de carnets d'adresses et d'agendas. Dans un carton, l'un d'eux remarque un cahier d'écolier. Il l'ouvre, le secoue. Une carte de visite tombe sur le sol. C'est celle de Me Gérard Lelaidier...

– Vous connaissez Me Lelaidier ?

Valérie n'a pas le temps de biaiser :

– Euh, oui, un peu...

Sur une autre étagère, un inspecteur trouve une carte avec un prénom. C'est celui de M. Paul, le public relations des *Jardins de La Boétie*...

Sur la table de nuit, il y a un billet d'avion. Un aller-retour sur Air Inter à destination de Marseille. Le départ est prévu pour le 22 décembre...

– Je pars après-demain rejoindre mon père à Marseille...

Le flic ouvre en grand la penderie...

– Maintenant, vous allez nous montrer ce que vous portiez samedi et dimanche derniers.

Valérie désigne un ensemble noir et un jogging jaune poussin. Les vêtements sont jetés, avec les agendas, au fond d'un grand sac en plastique. Il est 12 h 35, la perquisition est terminée. Valérie embrasse sa grand-mère, des larmes dans les yeux.

27

Valérie Subra est nue au milieu du bureau. Sur un ton sans réplique, une inspectrice lui a ordonné de se déshabiller « complètement ». Le slip et le soutien-gorge ont rejoint le pull et la jupe sur la table. Comme si elle en scrutait la trame, l'inspectrice examine les vêtements à la loupe, puis s'intéresse de très près au corps de la jeune fille. Elle l'observe, le détaille, note une particularité, revient à son étude. Ses doigts s'attardent sur une cicatrice, s'enfoncent dans chaque cavité naturelle.

Valérie a honte. Ses joues sont rouges, mais elle supporte cet examen sans dire un mot. Sur un signe de tête de la femme flic, elle remet ses vêtements et s'assoit, bien sagement, comme on vient de lui en donner l'ordre. Après ce strip-tease, l'inspectrice s'attaque au contenu de son sac à main. Cet inventaire terminé, Valérie Subra est conduite au dépôt.

La pièce est petite, sordide avec ses murs jaunes et sa peinture écaillée. Valérie Subra s'assied sur le banc en bois, entend la lourde porte qui claque. Elle se retrouve enfermée comme une souris dans une cage.

Valérie voudrait se défendre, raconter sa version, trouver quelqu'un à qui parler. Mais personne ne vient la chercher. Elle rumine sa « bêtise », s'angoisse. Que va-t-il lui arriver ? Les flics vont-ils avaler ses histoires ? Combien d'heures va-t-elle rester dans ce trou ignoble ?

De temps en temps, une tête apparaît dans l'ouverture aménagée dans la porte. Une petite ouverture carrée et vitrée, surmontée d'un grillage. Des yeux la scrutent un instant, puis le visage disparaît comme il est venu.

Valérie se ronge. Elle n'a pas touché au sandwich qu'un inspecteur lui a apporté. Elle a peur, elle se sent prisonnière et ne comprend pas pourquoi elle est seule, en face de ce mur barbouillé de graffitis. Elle pense à sa mère, à Hattab... Vont-ils l'arrêter, lui aussi ? Et Sarraud, va-t-il parler ?

Si la police française, dit-on, est l'une des meilleures du monde, ce n'est pas parce que les flics sont tous des flèches... Pris individuellement, ils présentent autant de défauts que de qualités. La force d'une brigade, c'est l'esprit d'équipe et l'obéissance aveugle au « patron ». Un commissaire de police est avant tout un meneur d'hommes. C'est lui qui répartit les tâches en fonction des aptitudes de chacun et d'une technique mille fois éprouvée.

Si Valérie Subra marine dans sa cage, ce n'est pas parce que les enquêteurs l'ont oubliée. Les inspecteurs comptent sur cet isolement pour lui mettre les nerfs à vif et la déstabiliser avant l'interrogatoire. Ils en profitent aussi pour réunir des preuves qui serviront à la confondre si elle persiste à nier.

A peine Valérie était-elle bouclée que le commissaire Flaesch a convoqué Chantal Zarade. En voyant les bijoux retrouvés sur Valérie, l'avocate a bondi :

– Cette alliance est celle de mon frère Laurent. Je reconnais l'aspect, et même l'usure. Mon frère portait ces anneaux en permanence. Il y attachait une valeur sentimentale. Ce n'est pas possible qu'il les ait donnés à cette fille...

Au même moment, des inspecteurs perquisitionnent à l'appartement de Courbevoie. Quand ils repartent, leur tâche est accomplie, et bien accomplie...

En vainqueurs, ils balancent les pièces à conviction sur le siège arrière de leur voiture : une mallette contenant deux cagoules noires, des vêtements divers, un stylo Dupont, un agenda et une ceinture Cartier. Ils ont aussi raflé un pantalon qui nageait, dans le bidet, dans une eau rougeâtre... La chasse a été bonne, ils peuvent rentrer au port...

Au quai des Orfèvres, Valérie Subra est enfin sortie de son trou. Le bureau du commissaire Flaesch ne respire pas le luxe. Sa machine à écrire et son mobilier sont des plus sommaires. Assise sur une chaise en bois, Valérie fait front. Elle assure qu'elle n'est pour rien dans l'assassinat de Lelaidier et de Zarade.

Le commissaire ne joue pas au cow-boy. C'est un homme jeune qui « travaille » les suspects en douceur. Si son interrogatoire n'aboutit pas, il confiera Valérie Subra à l'un de ses hommes. Son rôle sera de la « bousculer ». Pas en lui tapant dessus, mais en la menaçant du pire :

– Vous n'allez pas vous en tirer comme cela, c'est moi qui vous le dis ! Avec ce que je vais écrire dans mon rapport, vous êtes bonne pour la taule. Les jurés ne vous feront pas de cadeau, c'est perpète assurée !

Après la menace, les promesses :

– Allez, vous êtes jeune, vous n'allez quand même pas moisir toute votre vie en prison... Je suis sûr que vous avez été entraînée. Si vous nous aidez à trouver les coupables, on vous arrangera le coup...

En attendant la deuxième partie du programme, le commissaire Flaesch discute tranquillement avec Valérie. Mais la mise en confiance ne porte pas les fruits escomptés. La jeune fille s'entête à nier. Le silence s'installe.

Le flic lance brutalement deux photos en couleurs sur le bureau.

– Ça vous dit quelque chose ?

Valérie saisit les photos, pousse un cri. La première est un gros plan du visage de Gérard Lelaidier. Les yeux, figés par la mort, sont écarquillés. La bouche est entrouverte. Des plaies zèbrent son crâne dégarni. L'œil et le sourcil gauches sont balafrés. La face est maculée de sang.

Valérie ne veut pas regarder l'autre photo, celle de Laurent Zarade. Elle crie :

– J'ai rien fait, j'ai rien vu !

L'inspecteur abandonne son personnage de « gentil », il s'énerve :

– C'est toi qui les as tués ! Ils avaient ton téléphone, on l'a retrouvé dans leurs carnets. L'alliance que tu avais au doigt est celle de Zarade. Des témoins t'ont vue avec lui le soir précédant le crime. Trois personnes affirment que tu avais rendez-vous avec la victime, le dimanche, à 22 h 30 !

Valérie sanglote. Elle est « foutue » et entend déjà les portes de la prison se refermer sur elle. Elle craque, s'époumone :

– C'est pas moi, c'est les autres. Ce sont des fous dangereux !

– Comment s'appellent-ils ? Où sont-ils ?

– Le premier s'appelle Laurent Hattab, il a dix-neuf ans. C'est un Juif tunisien. Il mesure un mètre soixante-quinze, environ.

– Et ses yeux, ils sont de quelle couleur ?

– Marron.

– Pas d'autres détails ?

– Il porte un diamant à l'oreille et c'est mon petit ami... Dites, monsieur, je vais rester longtemps en prison ?

Le commissaire ne répond pas à la question. Valérie pleure à chaudes larmes. Le policier maintient la pression :

– Et l'autre ?

– Il s'appelle Jean-Rémy. Il a vingt ans et mesure un mètre quatre-vingts. Ses cheveux sont châtains.

Il a des yeux bleus. Il porte des lunettes rondes à monture dorée.

– Où sont-ils, en ce moment, tes petits copains ?

– Je pense qu'ils vont passer ce soir à l'atelier du boulevard de Sébastopol. A moins qu'ils ne soient à Courbevoie ou chez ma mère... Dites, je vais aller en prison ?

Si le commissaire Flaesch ne contrôlait pas chacune de ses expressions, il lèverait les yeux au ciel. Cette gamine a trempé dans deux assassinats et elle demande si elle va aller en prison ! Qu'a-t-elle dans la tête pour croire qu'elle va s'en tirer comme ça ?

Le commissaire Flaesch élude la question. Radouci, il murmure :

– Bon, maintenant, Valérie, il va falloir nous raconter toute l'histoire dans le détail...

Au procès, il précisera :

– Il se crée des espèces d'affinités entre les policiers et les personnes qu'ils interrogent. Valérie n'a d'abord voulu parler qu'à moi. Peut-être parce que j'étais jeune : vingt-huit ans à l'époque. On est allés dans un bureau isolé. Elle pensait qu'en racontant tout elle serait disculpée. Pendant son récit, régulièrement, elle me demandait si elle allait rester longtemps en prison. Je savais qu'elle en avait pour longtemps. Alors, j'ai voulu rédiger moi-même le procès-verbal. Chaque mot, chaque virgule allait compter... Elle ne se rendait vraiment pas compte. C'était une gamine...

A l'audience, le commissaire Flaesch, perfide, soutiendra quand même que Valérie Subra a usé de son charme pour l'attendrir. En pure perte, a-t-il souligné. Ce dont tout le monde se doutait...

28

Les jurés sont surpris. C'est la première fois que l'audience commence en retard. Dans la salle des délibérés, le président Versini joue, en effet, les arbitres. En face de lui, les avocats de la défense sont réunis au grand complet. Ils ont même appelé un membre du conseil de l'ordre à la rescousse. Mais Me Dominique Bouder, le sage en question, n'a pas réussi à trancher le différend.

Pour une fois, ce n'est pas le comportement de l'avocat général qui est en question, mais l'ordre des plaidoiries... Lequel des trois avocats va intervenir en dernier ?

Pour un néophyte, ce problème crucial est une énorme tarte à la crème. Difficile de comprendre pourquoi cet ordre de préséance agite les robes noires...

Les hommes de l'art ne sont pourtant pas en train de se battre contre des moulins. L'avocat qui parle en dernier occupe une position stratégique. Après lui, la maison peut brûler, l'échelle est enlevée. A part les accusés, personne ne rajoutera un mot. Les jurés iront délibérer avec, dans l'oreille, les accents vibrants de sa démonstration.

Les Français ayant la mémoire courte, l'ultime plaidoirie est toujours celle qui reste le mieux gravée dans les esprits. D'où l'importance d'intervenir en dernier...

Le président est ennuyé. D'habitude, les avocats se débrouillent entre eux. Tacitement, ils laissent la dernière place au plus talentueux. Pour peu que l'intérêt des clients concorde, son travail profitera à tous. Mais Me Pelletier et Me Lombard ne l'entendent pas de cette oreille. Leurs visions des faits divergent et chacun entend tirer la couverture à soi.

Pour Me Jean-Louis Pelletier, le sort de Sarraud et celui de Hattab sont liés. Les protestations d'innocence de Laurent Hattab ne tiennent pas debout et il se « mangera » perpète comme son copain. En revanche, Valérie Subra peut s'en sortir. Sa chance est mince, mais elle existe. Ce serait de la folie de ne pas en profiter...

Me Paul Lombard refuse de faire de la figuration. Il plaidera en dernier pour prouver la bonne foi de Hattab. Sa démonstration sera subtile, elle doit rester gravée dans la mémoire des jurés.

Ce que chacun se garde bien de dire, c'est que la dernière place est la place d'honneur. Le problème est donc aussi une affaire de prestige...

C'est au président Versini de trancher. Il s'en tire par une pirouette et se prononce pour la règle de l'ancienneté. Chacun décline sa date de naissance, et le verdict tombe : Me Gambarelli, qui représente les intérêts de Sarraud, sera le premier, puis viendra Me Pelletier et enfin Me Lombard...

Les avocats se rangent à cette décision d'essence quasi divine. Les plaidoiries auront lieu le surlendemain, et dans l'ordre indiqué.

Ce « petit problème d'intendance réglé », comme l'indique le président, l'audience démarre avec une demi-heure de retard. C'est la journée des témoins. Ils vont se succéder à la barre, après, parfois, sept heures d'attente. Parmi eux : le frère de Laurent Zarade et la mère de Gérard Lelaidier.

Mme Emilienne Lelaidier est une vieille dame de soixante-dix-sept ans, aux cheveux courts et blancs. Le visage rond et lisse, elle avance à petits pas vers la barre. A quelques mètres de la cour, elle s'arrête et fixe les trois accusés. Chacun s'attend à un esclandre, à des cris de douleur ou de haine. Mais elle garde le silence.

Au président qui lui demande comment son fils se comportait avec elle, Emilienne Lelaidier affirme avec un pâle sourire :

– Que voulez-vous que je vous dise... Comme toutes les mères, je vous répondrai que mon fils était merveilleux. Il s'occupait parfaitement de son petit garçon et il veillait tendrement sur moi. Jamais il ne m'a laissée sans nouvelles, jamais il ne m'a négligée.

Mme Lelaidier se tait. Ses yeux sont baissés et ses mains tremblent un peu. Elle répond avec gentillesse, sans jamais hausser le ton. Le président, embarrassé, pose ses questions avec douceur, comme s'il craignait de la heurter :

– Avez-vous dit la vérité à votre petit-fils ?

– C'était difficile... Aujourd'hui, il a quinze ans, mais il croit encore que son père est mort dans un accident de voiture.

– Qu'avez-vous à ajouter sur les... faits ?

– Je n'ai pas grand-chose à déclarer. Mon fils m'avait acheté une superbe maison de campagne. Il était tellement bon, gentil... Maintenant, je vis dans l'appartement où il est mort. Je n'ai rien changé. J'ai même laissé la tache de son sang sur le tapis. Mon fils est là tout près de mon cœur...

La dignité de Mme Lelaidier crée une émotion intense. Même Hattab, qui fuit son regard, a perdu sa superbe. Les derniers mots de la vieille dame sont tombés dans un silence de plomb. Personne ne s'attendait à une telle retenue. A l'horreur de l'assassinat, Emilienne Lelaidier répond par le pardon. Elle n'accable pas les pécheurs, elle ne les maudit pas. Elle reste murée dans sa douleur, mais refuse de désespérer du genre humain.

Son témoignage a un impact extraordinaire. Les jurés sont bouleversés. Ils admirent le courage de cette femme, sa bonté. Sa retenue rend la conduite des trois accusés encore plus ignoble. Cette femme, en perdant son fils, a tout perdu et pourtant, pas un instant elle ne manifeste la moindre haine à l'égard de ses assassins. Son attitude est dictée par un sentiment de charité chrétienne dont elle ne se départira à aucun moment.

A la fin du procès, quand tout sera achevé, elle sera la seule à se diriger en titubant vers les condamnés. Cet élan de générosité, elle aura du mal à se l'expliquer elle-même. Elle dira simplement plus tard :

– Je ne sais pas pourquoi j'ai fait cela. Ou plutôt, si... J'éprouvais pour eux de la pitié, une infinie pitié. Ils sont si jeunes...

Soutenue par le greffier, Mme Lelaidier repart à petits pas comptés. C'est maintenant au tour du frère de Laurent Zarade de raconter.

Le témoin est de taille moyenne, les cheveux châtains. Son visage est blanc et sa pâleur contraste avec la teinte sombre de son costume. Les mâchoires serrées, il prête serment et, après un temps d'arrêt, il désigne les paquets placés dans la vitrine des pièces à conviction...

– C'étaient les cadeaux de Noël que Laurent avait achetés pour notre famille...

La voix se casse. Les mains agrippent la barre, empoignent le bois à pleines paumes. Le frère de la victime ne peut réprimer un tremblement nerveux. Ses phrases sont courtes, presque saccadées.

– La moitié de ma famille a été déportée à Auschwitz, beaucoup y sont restés. Mon père était un résistant. Il a eu la chance d'être épargné par la guerre. C'était un colosse...

Sa voix se brise. Des larmes coulent le long de ses joues. Dans la salle, le silence est total, d'une intensité presque insupportable.

– A soixante-deux ans, mon père pesait quatre-vingt-dix kilos. C'était un athlète, une force de la nature... Quand il a appris la mort de Laurent, il a eu une crise d'hémiplégie. Il est aujourd'hui paralysé, cloué sur un lit...

Le témoin chancelle, la poitrine soulevée par les sanglots. Me Francis Szpiner, l'ami de la famille Zarade, pleure sans bruit. Il essuie discrètement ses larmes sur le revers de sa robe noire. D'un geste de la tête, il invite le président à interrompre le frère de la victime. Doit-on vraiment prolonger son épreuve ? Mais ce dernier tient à poursuivre :

– Ma mère était une belle femme, gaie et élégante. Aujourd'hui, elle n'est plus que l'ombre d'elle-même. Depuis la mort de Laurent, elle ne parle plus. En trois ans, elle ne m'a pas adressé la parole plus de cinq minutes. Vous entendez ? Pas cinq minutes ! *(Le témoin crie, pathétique :)* Vous savez ce que ça veut dire, cinq minutes ?

Le frère de Laurent Zarade est au bord de l'évanouissement. Un membre de sa famille le rattrape de justesse, le soutient par le bras. Il le porte quasiment jusqu'au banc des parties civiles.

Les jurés sont anéantis. Certains se tamponnent les yeux avec un mouchoir. Le président Versini se tait. Les journalistes, gênés, ont oublié leurs bavardages. Quant aux avocats de la défense, ils conservent un mutisme absolu. Ils savent qu'il n'y a rien à ajouter. Toute déclaration serait totalement déplacée.

Le procès vient de basculer. Les témoignages d'Emilienne Lelaidier et du frère de Laurent Zarade ont apporté un éclairage neuf à l'affaire. Cette fois, ce n'est pas l'atrocité des meurtres qui a eu la vedette, mais le calvaire des survivants. Le trio n'a pas fait que deux victimes, il a précipité des innocents dans une douleur sans fond.

Face à leur chagrin, les dénégations de Hattab et la jeunesse des accusés ne pèsent pas lourd. Ils peuvent toujours regretter, balbutier des excuses, la messe est dite...

Pour la première fois depuis le début du procès, Laurent Hattab est accablé. Même s'il conteste le meurtre de Zarade, il est bien obligé de reconnaître qu'il en a été l'organisateur. Confronté de plein fouet au désespoir des familles, il a abandonné son arrogance. Est-ce le poids de la culpabilité qui pèse sur ses épaules ou la honte de ses parents effondrés sur leur banc, au fond de la salle ?

Jusque-là, Laurent Hattab s'était battu pied à pied. Il avait essuyé l'ironie du président Versini et les foudres de l'avocat général sans baisser la tête. Même quand les policiers l'avaient arrêté, il avait nié l'évidence. C'était le 20 décembre 1988...

29

Les assauts du commissaire Flaesch sont venus à bout des protestations d'innocence de Valérie Subra. Elle a craqué dans les grandes largeurs, n'a fait aucune difficulté pour donner le nom de ses complices. Les flics doivent maintenant les « sauter », de préférence en douceur, mais sait-on jamais...

Trois inspecteurs « planquent » à l'appartement de Courbevoie, cinq autres sont postés à l'atelier du boulevard de Sébastopol. Ils ignorent que le père de Laurent Hattab est passé, quelques heures auparavant, à la boutique *Jeep*. Il cherchait son fils et il est tombé sur le patron qui lui a raconté l'arrestation de Valérie. L'homme lui a même donné le numéro de téléphone que les policiers lui avaient laissé...

Immédiatement, Armand Hattab téléphone à l'un de ses amis au quai des Orfèvres. Le flic se renseigne et le rappelle dix minutes plus tard :

– C'est grave, vraiment très grave. Je ne peux pas t'en dire plus...

Armand Hattab est aux cent coups. Il téléphone à sa femme.

– Laurent est là ? Passe-le-moi, vite !

La voix de son fils le rassure un peu.

– Ça va ? Bouge pas, j'arrive !

Quand il pénètre dans le salon, Laurent, livide, est assis sur le canapé.

– Dis-moi, ta copine, Valérie... Ce ne serait pas une terroriste ? La brigade criminelle est venue la chercher. Tu n'as pas de problèmes, au moins ?

– Non, pas du tout...

– Laurent, si tu as fait des conneries, je peux t'aider...

– Je le sais, papa, mais il n'y a rien, je te le jure...

M. Hattab croit son fils sur parole. Il est 17 heures et il part le soir même avec sa femme à Juan-les-Pins.

Jean-Rémy Sarraud a récupéré l'Alfa Romeo qui était en réparation au garage. Il arrête la voiture au coin de la rue du Caire. Il est 18 heures et il vient chercher Valérie à son travail. Très étonné d'apprendre que la jeune fille n'est plus là, il se rend au domicile de sa mère. Elle a passé son après-midi au quai des Orfèvres, mais ne laisse rien paraître.

– Valérie va arriver bientôt, attendez-la en bas.

Dès que Sarraud a disparu, elle téléphone au commissaire Flaesch.

– Jean-Rémy, l'ami de ma fille, est en bas de chez moi, dans une Alfa Romeo noire.

Dans les locaux de la Crime, c'est le coup de feu. Armés jusqu'aux dents, quatre inspecteurs se précipitent rue Wagner. Ils repèrent immédiatement la voiture de Sarraud. Tranquillement installé, Jean-Rémy fume une cigarette. Sa vitre est baissée.

Les flics stoppent leur « guimbarde » *(sic)* et se glissent discrètement sur le trottoir. Deux inspecteurs resteront en couverture à l'arrière de l'Alfa. Au signal convenu, un policier ouvre brusquement la portière côté passager pendant qu'un autre, à travers la fenêtre, saisit Sarraud par le col de son blouson. Arc-bouté au cuir, l'inspecteur tire de toutes ses forces et fait rouler Sarraud sur le pavé. Pendant que le flic l'immobilise en lui tordant le bras, le second braque son revolver sur sa tempe.

– C'est toi, Sarraud ?

– Oui...

Le suspect bégaie, affolé. Les inspecteurs lui passent les menottes, le palpent sous toutes les coutures pour vérifier s'il a une arme.

– Ton copain Hattab, il est où ?

Sarraud a trop peur pour cacher quoi que ce soit. Il répond à la vitesse de l'éclair :

– A *La Palmeraie de Marrakech*, un restaurant de Saint-Mandé...

Prévenu par radio, un nouveau bataillon de flics entre en action. Sans se soucier des sens interdits et des feux rouges, une équipe de choc traverse Paris, débarque devant le restaurant. Rapide coup d'œil sur la clientèle qui en avale son couscous de travers. Le suspect n'est pas arrivé. Il faut « planquer ».

A l'autre bout de la rue, Laurent Hattab avance sous une pluie fine. Léger coup de klaxon. C'est son copain Antoine au volant d'une Golf G.T.I. Hattab s'assied à côté du conducteur. Ils roulent cinquante mètres, s'arrêtent pour discuter. Au poignet, Hattab porte la Piaget en or qu'il a piquée à Zarade et qu'il compte bien « fourguer ».

Cette prise en charge n'a pas échappé aux flics qui communiquent par talkie-walkie. Laurent Hattab et son ami sont catalogués « flambeurs du Sentier ». Avant de les « intercepter », les policiers les laissent parler une dizaine de minutes.

A 20 h 10 précises, une équipe de trois inspecteurs part à l'assaut. Le premier, revolver au poing, s'allonge brusquement sur le capot en braquant les passagers. Dans le même temps, les deux autres ouvrent les portières, saisissent les suspects et les couchent sur le bitume.

Hattab se débat comme un fou furieux. Les flics le renversent sur le ventre, lui attachent les menottes dans le dos. Il hurle :

– Qu'est-ce que c'est ? Qui êtes-vous ?

– Police ! Ne bouge pas !

– Les flics, j'en ai rien à foutre ! Allez vous faire voir. Vous ne savez pas qui je suis !

Sans ménagement, les inspecteurs envoient le rebelle sur la banquette arrière de leur 205. Ils n'aiment pas qu'on les prenne de haut. Ce type qui les insulte les énerve prodigieusement. Plus tard, un inspecteur dira :

– Il était arrogant, il roulait les mécaniques, il avait le comportement d'un voyou.

Voyou ou non, Laurent Hattab tient le choc. Se retrouver au quai des Orfèvres n'est pourtant pas une partie de plaisir. Il y a les menottes qui coupent les poignets, les bourrades des flics qui mettent tout leur cœur à l'ouvrage et surtout l'impression terrible d'être fait comme un rat.

Comme Valérie, Sarraud et Hattab ont droit au strip-tease obligatoire et à la fouille à corps. Après cet apéritif, les garçons sont expédiés dans une cage, chacun de leur côté.

Sarraud est interrogé le premier. Pendant ce temps, « l'Emmerdeur » est gardé au chaud. Pour les flics, il est clair qu'il va renâcler. Il vaut mieux accumuler toutes les preuves possibles contre lui avant de le mettre sur le gril.

En six heures, Sarraud avoue, sans difficulté, avoir assassiné Me Lelaidier, mais affirme que c'est son complice qui a tué Laurent Zarade.

Quand vient le tour de Hattab, les inspecteurs comprennent qu'ils ne sont pas près d'aller se coucher. En préliminaire, ils demandent :

– Tes bijoux... où les as-tu trouvés ?

– Le briquet Cartier, je l'ai acheté dans un magasin, rue Saint-Honoré. J'étais en compagnie d'un copain qui s'appelle Philippe et je l'ai payé en liquide.

– Où il habite, ton pote ?

– Je ne sais pas, mais il travaille dans le Sentier...

– Et ta montre ?

– Je l'ai achetée à un drogué dans le Sentier. Il

m'a dit qu'elle était volée et qu'elle valait trente mille ou quarante mille balles.

Les flics placent les bijoux sous scellés, demandent à Hattab de signer sa déposition. En haut du procès-verbal, écrite noir sur blanc, figure la mention : « CRIME FLAGRANT. »

– Eh, c'est quoi, ce truc ? J'ai rien fait de mal, moi ! Quand vous m'avez arrêté, j'ai cru que c'était parce que j'avais prêté l'Alfa à Jean-Rémy. Il n'a pas le permis...

– Signe et fais pas d'histoires...

– Ça va pas, non ? J'attends que vous me fournissiez des explications !

En attendant de répondre à cette demande légitime, les policiers ne chôment pas. Dès le lendemain matin, flanqués d'un Hattab plus pâle que jamais, ils perquisitionnent à l'hôtel particulier de Saint-Mandé, à l'un des appartements des parents, rue Guynemer, au Sentier et à l'atelier du boulevard de Sébastopol. Leur butin est alléchant : une paire de tennis ensanglantées, des plaques minéralogiques volées, un pistolet à grenaille, un poignard et un 7,65.

Laurent Hattab est obligé de se rendre à l'évidence. Valérie et Sarraud ont avoué et les flics ont en main toutes les preuves. Il craque à son tour et balance une première version du meurtre de Zarade...

Il raconte qu'après avoir longtemps tergiversé Sarraud et lui ont décidé de tuer le jeune homme...

Comme il l'explique au commissaire, Laurent Hattab a donc le 7,65 dans la main mais il ne parvient pas à descendre Zarade. Sarraud bâillonne alors la victime avec une écharpe et plaque ses mains sur les yeux de Zarade.

– Ça m'a fait sursauter, explique Hattab aux inspecteurs, ça a déclenché en moi une réaction incontrôlable.

Avec le coupe-papier, Hattab frappe la victime à la gorge :

– Je ne peux pas dire à combien de reprises, précise-t-il.

Dans la bataille, le bâillon a glissé. Zarade crie :

– Ne faites pas ça, je ne dirai rien à la police !

Sarraud dénoue l'écharpe, en ceint le cou de la victime. Il en tend un bout à Hattab et les deux agresseurs se mettent à tirer violemment. Mais Zarade se débat. L'étoffe craque. Sarraud bondit dans la salle de bains, prend un peignoir en éponge qu'il plaque sur le visage de l'homme. Aussitôt, Hattab frappe de nouveau, en plein cœur.

– Pendant l'opération, indiquera-t-il aux policiers, je me suis moi-même blessé à la paume de la main droite avec le manche du coupe-papier de forme anguleuse.

Ces déclarations, séduisantes à plus d'un titre, seront totalement contestées par Laurent Hattab, trois semaines plus tard. Il niera formellement avoir tenu un tel discours aux policiers. Il ajoutera que le mot « anguleux » ne fait pas partie de son vocabulaire et qu'il n'a donc jamais pu le prononcer...

SIXIÈME PARTIE

LE RÉQUISITOIRE

30

La nuit est tombée sur Paris. Une nuit d'hiver, triste et humide, qui enveloppe le palais de justice d'un halo nuageux. Dans la salle des grandes assises, les lustres sont éteints, les bancs sont vides. Par groupes, le public et les jurés se dirigent lentement vers les hautes grilles qui ceinturent la cour du Mai.

Sur le trottoir, un homme raconte, la gorge nouée. Il prend les acteurs du procès à témoin. Il explique que son fils, Laurent Hattab, avait de l'argent autant qu'il en voulait. Que c'était un bon garçon, qu'il n'avait pas besoin de tuer, qu'il était comblé...

Surpris, les gens écoutent. Armand Hattab insiste. Son fils, vraiment, c'était un garçon bien. Il avait tout, et plus encore... L'homme montre le manteau de vison de sa femme, pour un peu, il pousserait ses auditeurs à toucher la fourrure. Quand une mère a un manteau pareil, son fils n'a pas besoin de voler... Pris de pitié, certains tournent le dos, se dépêchent de s'éloigner. M. Hattab est à court d'arguments, il poursuit, pitoyable :

– Venez chez moi, vous verrez si on n'a pas d'argent...

Une pluie froide cingle le boulevard du Palais. Les jurés se dispersent enfin, laissant derrière eux la silhouette hagarde d'un homme qui se bat pour que justice soit rendue à son fils...

Une heure auparavant, Me Fraitag s'était levé pour défendre la mémoire de Gérard Lelaidier. Sans être un orateur de génie, l'avocat a su trouver les mots justes. Il a évoqué la solitude du petit Gabriel Lelaidier, le chagrin de sa grand-mère et sa dignité :

– Un enfant qui perd sa mère, on l'appelle un orphelin. Mais comment nomme-t-on une mère dont on a tué le fils ? Me Lelaidier a été battu, humilié par ces trois-là. Je viens, au nom de sa famille, demander réparation.

Le lendemain, jeudi 14 janvier 1988, l'audience commence par la plaidoirie de Me Francis Szpiner. Ce moment est attendu par tous, robes rouges et robes noires réunies. Chacun sait que Szpiner est un bon orateur et qu'il tentera l'impossible pour enfoncer la défense.

Me Francis Szpiner a le trac. S'il n'est pas à la hauteur, Me Pelletier, le plus féroce de la bande des trois, va le clouer au pilori...

Evidemment, l'avocat général joue les doublures. Szpiner et lui sont du bon côté. Mais il ne déplairait pas au petit maître de couper l'herbe sous le pied de M. Guilloux. La tâche est ardue. Guilloux est un terrible, mais personne n'est à l'abri d'un ratage...

Les journalistes qui, en matière d'avocats, ont un choix très sélectif, sont là au grand complet. Comme au spectacle, ils attendent les trois coups, persuadés que Szpiner va être « saignant ». Ils ne vont pas être déçus...

– Monsieur le président, mesdames et messieurs les jurés, hier, après tant de mensonges – n'est-ce pas, Hattab ? –, de lâcheté – n'est-ce pas, Sarraud ? –, de comédie – n'est-ce pas, Valérie ? –, une femme de soixante-dix-sept ans est venue parler. C'était un grand moment d'humanité dans ce procès qui en a tant manqué. Et puis est arrivé le frère de Laurent Zarade. Et la seule vérité de ce procès a surgi : la douleur des victimes. Et encore, vous n'avez été confrontés qu'à une partie seulement de cette douleur...

Le début de la plaidoirie est habile. Il exhume un moment intense du procès, s'adresse au cœur avant de parler à la raison. Volontairement, Me Szpiner adopte une voix de basse. Et cette sourdine rend encore plus tragique le chagrin des familles. Mais le chuchotement n'a qu'un temps. Faisant référence au cas de Thierry Paulin qui assassinait les dames âgées pour les dépouiller, Me Francis Szpiner, en regardant les accusés dans les yeux, se lance dans un déluge de décibels :

– Oui, vous trois, vous êtes de la race des Paulin. Vous êtes de la race des tueurs de vieilles dames ! *(Il se tourne vers les jurés.)* Ils n'avaient aucune raison de s'arrêter ! Ils avaient pris leur rythme de croisière : un cadavre par semaine. Entre le 30 novembre et le jour de leur arrestation, leur occupation principale, c'est l'assassinat ! Car ce sont des assassins à plein temps. Si la famille de Laurent Zarade n'avait pas trouvé leur piste, ce ne seraient pas deux crimes qu'ils auraient commis, mais bien plus. Sans la police, ce serait une dizaine !

Cette introduction expédiée, Me Szpiner s'en prend directement à chacun des trois accusés. Le ton est terrible et méprisant, la voix rauque.

– Vous, Hattab, vous êtes l'élément moteur du double assassinat. Vous n'avez pourtant manqué de rien. A dix-huit ans *[détail cruel pour les jurés]*, vous aviez quinze mille francs par mois et une voiture de sport. Vous aviez entre les mains toutes les chances. Qu'en avez-vous fait ? En plus, vous êtes un lâche et un menteur ! Car à l'ignominie du crime, vous ajoutez la lâcheté. C'est bien vous qui frappez Laurent Zarade de cinq coups de coupe-papier, et votre main n'a pas tremblé. Quant à vous, Sarraud, vous êtes l'homme de main de Hattab. Vous êtes le bourreau. Un bourreau consciencieux. Vous utilisez le poignard, la véritable arme des assassins. Par votre insensibilité, votre indifférence, vous êtes au-delà de la justice des hommes. Mais, comparé aux deux autres accusés, vous êtes presque sympathique.

Jusque-là, Me Francis Szpiner s'en est tenu aux amuse-gueule. Le gros morceau, c'est Valérie Subra. Il aimerait lui envoyer quelques vérités bien senties en pleine figure, mais depuis le début de sa plaidoirie, Valérie est planquée sous la rambarde. Comme Sarraud fait de même, il n'y a que Hattab pour recevoir de plein fouet les invectives de l'avocat.

– J'en viens maintenant au cas de Valérie Subra. On va nous dire qu'elle n'a pas de sang sur les mains...

Cette prédiction vise directement Me Pelletier qui ne se départit pas d'un léger sourire.

– Mais, croyez-moi, sur un plan humain, elle est la plus coupable ! Elle connaît les victimes, elle partage leur repas, leurs joies. C'est elle qui fait la sélection. Son regard sur un homme, et c'est la mort ! Ce sont ses amis qui exécutent ses condamnations.

L'avocat se tourne dans la direction de Valérie. Sans cesser de parler, il fouille dans sa sacoche et en sort un magazine. C'est un numéro de *Paris-Match*. Celui qui affiche Valérie Subra en couverture, les seins généreux et le T-shirt mouillé. Me Szpiner brandit le journal au-dessus de sa tête, le désigne aux jurés.

– Regardez bien, mesdames et messieurs, Subra, c'est l'appât. Elle n'a pas de sang sur les mains, mais elle en a sur la conscience ! Oui, Valérie, vous êtes l'élément clé du trio ! Sans vous, vos complices ne peuvent ni commencer ni terminer les crimes. Vous avez le goût de l'effort et de la persévérance dans l'assassinat. Et puis surtout, avant toute chose, vous êtes totalement indifférente à la souffrance d'autrui.

Me Szpiner baisse la voix, adopte le ton de la confidence : « Le père de Laurent Zarade, sur son lit de misère, m'a dit que Valérie lui faisait penser à un officier allemand dont lui avait parlé un ami déporté. Il était en uniforme, impeccable, les bottes bien cirées. D'un doigt, il désignait la file de droite ou la file de gauche, la vie ou la mort. On appelait ça la sélection. *(L'avocat hurle :)* Valérie, cette sélection, vous l'avez pratiquée chaque fois que votre doigt s'est posé sur votre carnet d'adresses !

Me Szpiner arrive maintenant au terme de sa plaidoirie. Il a prouvé (du moins le croit-il) que les protestations d'innocence de Hattab n'étaient qu'une sinistre farce. Il a maintenu la tête de Valérie sous l'eau, condamné définitivement la cruauté de Sarraud. Il doit maintenant attaquer le final en pianotant sur les touches de l'émotion. Pour cela, il s'adresse directement aux jurés :

– Les parents de Laurent Zarade vivent reclus. C'est moi, demain, qui devrai leur annoncer votre décision. Eux-mêmes sont en prison et c'est leur malheur qui constitue les murs de cette prison.

» Vous, Valérie, vous, Hattab, vous, Sarraud, en tuant un fils, vous avez condamné ses parents au chagrin à perpétuité. Mesdames et messieurs les jurés, qui viendra apaiser leur tourment si vous votez les circonstances atténuantes ? Les accusés sont jeunes, il est vrai, mais, à dix-huit ans, on sait ce que signifie tuer. Ne dites pas, à l'heure du verdict, que le prix de deux vies est dérisoire. Unis tous les trois dans la préparation, unis dans l'exécution, unis dans le partage, il serait choquant qu'ils ne soient pas unis dans la condamnation.

Me Francis Szpiner se rassoit, le visage congestionné. Ses voisins s'empressent de le féliciter. Ses clients lui adressent des regards émus.

L'eau vinaigrée dont il s'est gargarisé la gorge avant de plaider a eu des effets magiques. Il a parlé une heure trente avec une fougue qui n'a jamais fléchi. Chacun de ses mots a fait mouche.

Ecroulé sur son banc, il scrute le visage des jurés. C'est bon, ils sont touchés... Et les accusés ? A voir leur tête, ils ont du mal à se remettre... Les avocats de la défense, eux aussi, font des mines d'enterrement. Me Szpiner respire, il n'a pas raté son coup.

C'est maintenant à l'avocat général de se lever pour défendre les intérêts de la société. Avant ce grand moment, le président suspend l'audience pendant un quart d'heure.

Dans les couloirs qui longent la cour d'assises, les commentaires vont bon train. Les journalistes entourent Me Szpiner, le complimentent : « Si, vraiment, vous avez été formidable ! » Merci à droite, merci à gauche. Un Perrier bien frais à *La Buvette du Palais* pour récompenser l'orateur, et le petit monde des assises reflue vers la grande salle.

– Monsieur l'avocat général, vous avez la parole.

M. Guilloux se campe bien droit sur ses pieds. Il marque une pause et entame un marathon qui va durer deux heures. Afin de donner le ton de son réquisitoire, il livre son sentiment sur les accusés :

– Deux petits monstres et une souris totalement insensible. Des crapules pires que des truands, auxquelles j'exprime tout mon mépris.

Ce préambule expédié, l'avocat général traite de l'affaire cas par cas :

– Laurent Hattab ? Le produit d'une éducation ratée dans une famille où l'on s'est toujours complu dans l'adoration du veau d'or. Je ne suis pas ici pour faire le procès de son père. Il a commencé comme marchand de fruits, puis a réussi dans le Sentier, un quartier où ne compte que la réussite matérielle. Cet homme est un travailleur acharné, ce qui laisse peu de temps pour s'occuper d'autre chose. On ne demandait rien au petit, sinon d'être beau, enjôleur !

L'avocat général tape à cœur joie sur Laurent Hattab. Tout y passe : de l'Alfa Romeo à la bouteille de champagne qui a arrosé la mort de Gérard Lelaidier. M. Guilloux ne croit pas à ses protestations d'innocence. Les aveux de Hattab aux policiers sont des preuves éclatantes.

– Hattab, vous n'êtes pas seulement un chef de bande. Vous mettez la main à la pâte. Quand Sarraud, le malade, cache la tête de Zarade, c'est pour que vous lui perciez le cœur. Vous avez tiré sur l'écharpe pour étrangler l'homme et vous l'avez achevé avec trois coups de stylet abominables.

M. Guilloux est lancé. La mécanique est en route et il fonce comme un bulldozer, réduisant en bouillie la moindre possibilité de circonstance atténuante. Le sort qu'il réserve à Sarraud ne vaut pas mieux que celui de Hattab :

– Jean-Rémy Sarraud, c'est un fils de pauvres qui n'a jamais connu sa mère, insignifiant, sans un, édenté, fasciné par Hattab qu'il servait comme un serf son seigneur. A entendre les deux autres, toute la responsabilité lui incombe. Le coup est jouable, car Sarraud est le bouc émissaire. Il a commis le délit de sale gueule. Même auprès des psychiatres. Il est le coupable idéal !

» Sarraud tuait froidement, comme il l'a raconté d'une voix monocorde à l'audience sans omettre aucun détail, si affreux soit-il. Orphelin, livré à lui-même, il avait trouvé en Hattab un maître à servir en échange de la vie facile dont il rêvait.

La voix de M. Guilloux s'assourdit. Elle devient gouailleuse, emprunte un ton de mépris, comme si l'avocat général voulait jeter toute son abjection à la tête de l'accusé :

– Sarraud, vous êtes moche, épouvantablement moche... Vous avez une gueule abominable !

Comme Me Szpiner, M. Guilloux a gardé Valérie Subra pour la bonne bouche. Depuis le début du réquisitoire, Valérie a disparu derrière son mouchoir. Sa tête est penchée vers le sol et l'on n'aperçoit que ses cheveux.

– Je ne vois pas Mlle Subra ! tonne l'homme en rouge. Elle se cache, recroquevillée dans le box. Ne vous fiez pas à son allure de petite fille sanglotante. Elle n'a pas de sang sur les mains, plaidera demain la défense, mais c'est la plus pernicieuse de la bande. Elle a une âme de cocotte, de rouée des années 30, ne s'intéressant qu'à l'argent des hommes et prête à tout pour assouvir sa soif de luxe et d'argent. Avant la guerre, on appelait ça une poule. Quant à sa mère, elle a eu autant d'amants que de domiciles, et elle en a eu de variés...

Cette fois, Valérie relève la tête. Elle n'aime pas que l'on attaque sa maman. Mais ce sursaut de fierté ne dure pas. L'avocat général, féroce, l'accable sans pitié. Penché au-dessus de son pupitre, le bras tendu, il désigne du doigt la criminelle. Sa robe écarlate tremble d'indignation. Une mousse blanche marque le coin de ses lèvres.

– Cette souris-là me fait penser aux souris grises qui accompagnaient les Waffen S.S. A son égard, on a parlé d'un Landru au féminin. C'est au-dessous de la réalité. Une cuisinière de la mort ! Elle aurait amené ses victimes jusqu'au four crématoire ! Elle est insensible. A-t-elle eu un seul moment d'émotion ? Elle ne pleure que sur elle-même. *(L'avocat général singe la voix de Valérie Subra :)* « Pourquoi vous en prenez-vous toujours à moi ? » Parce que je sais qui vous êtes. J'ai lu le dossier. Vous êtes une poule perverse !

Dans la salle, la hargne de l'avocat général provoque des mouvements divers. Il y a les inconditionnels qui écoutent bouche bée, les mains jointes comme s'ils remerciaient le ciel, et les autres : les proches de Valérie Subra, les tolérants, les laxistes. Ils trouvent que M. Guilloux y va fort et ils murmurent chaque fois que l'avocat général s'emballe. Mais ce dernier n'en a cure. Il trace son sillon avec une énergie décuplée :

– Subra, vous avez condamné Gérard Lelaidier et Laurent Zarade à mort. C'est vous qui désigniez ceux qui allaient mourir. Celui-ci est avocat ? A mort ! Celui-ci est Juif ? A mort ! Quel estomac ! Que de cadavres !

« Valérie Subra entendait les râles de Me Lelaidier, sauvagement torturé par ses deux complices, et elle n'a rien dit. Laurent Zarade lui était sympathique. Il lui avait même offert une bague. Elle a partagé sans remords le repas du condamné. Mais, dira-t-on, elle n'a pas de sang sur les mains... Peut-être, mais le soir même des assassinats, elle allait faire du frotti-frotta et sabler le champagne à la santé des victimes. (M. Guilloux reprend haleine, repart au charbon, ironique :) Il paraît qu'en prison elle se paie du bon temps en se livrant à des parties de jambes en l'air...

Cette attaque vise le dessous de la ceinture, mais produit l'effet escompté. Inconsciemment, chacun regarde Valérie, un brin choqué. En prison, vraiment, est-ce possible ? Un brouhaha confus agite le public.

– Si vous la condamnez à la réclusion criminelle à perpétuité, avec les remises de peine, elle fera dix-huit ans. Elle sortira donc à trente-six. Quand elle quittera la prison, c'est vrai qu'elle sera un peu grillée du côté des Champs-Elysées, mais elle pourra essayer boulevard des Capucines...

M. Guilloux lâche enfin sa proie. Il s'adresse au trio qu'il toise avec dégoût :

– Vous vous êtes trompés d'époque. Vous auriez dû vivre pendant la guerre. Il y avait de l'avenir pour vous, rue Lauriston, au siège de la Gestapo. Valérie, vous êtes la fiancée de la mort. Quant au niais que voilà...

D'un doigt vengeur, l'avocat général désigne Hattab à la vindicte populaire. L'accusé redresse la tête, l'air furieux.

– Oui, vous, Hattab, vous êtes un menteur, et vous, Sarraud, un dégénéré ! Je requiers, pour chacun des trois, la réclusion criminelle à perpétuité assortie d'une peine incompressible de dix-huit ans !

Chacun croit que l'avocat général en a terminé, mais M. Guilloux ne résiste pas au plaisir d'une conclusion vibrante. Prononcée d'une voix tonitruante, elle sert d'avertissement aux jurés :

– Ne votez pas les circonstances atténuantes ! Que voulez-vous ? Que Subra reste pour dix ans dans les geôles de la République ? Qu'elle écrive ses Mémoires ? La loi, c'est la loi ! Appliquez-la démocratiquement et non sur la mine.

Malin, l'avocat général verrouille toutes les portes, même celles qui débouchent sur les qualités professionnelles de Me Jean-Louis Pelletier :

– Je vous préviens, mesdames et messieurs les jurés, l'avocat qui plaidera pour Subra sera d'un grand talent ! Il faudra vous cramponner. Ne garder en tête que les points forts du dossier. La France tout entière attend votre verdict. La France en a assez des loubards, des crapules, des coupe-jarrets. La France veut savoir s'il existe vraiment une justice !

Comme Me Szpiner, M. Guilloux se rassied, hors d'haleine. Sa dernière ligne droite était du grand art. Une excellente cuvée. Tout en récupérant ses notes qui, au gré de son émotion, ont voltigé sur son bureau, il s'éponge le front. Son parcours l'a épuisé, mais un certain contentement se lit dans son regard. Quoi qu'il advienne, il a fait son boulot. Avec violence, avec excès, mais la politique de la terre brûlée ne s'embarrasse pas d'états d'âme. Comme l'écrira Jean Cau dans *Paris-Match* : avec M. Guilloux, « pleuvent les détails immondes des crimes, les anathèmes, les malédictions. Il y a le bien et il y a le mal. Et le mal, ça s'écrase. Mission remplie au-dessus d'Hiroshima, le bombardier peut regagner sa base »...

A la presse judiciaire, située au cœur même du Palais, les journalistes sont en effervescence. Les machines à écrire crépitent, les stylos griffonnent fébrilement, les téléphones sonnent sans relâche. La majorité des journaux bouclent à 17 heures, les gratte-papier doivent envoyer leur article avant ce délai. Pour une fois, les journalistes n'ont pas besoin de se creuser la tête, l'avocat général leur a servi leur papier sur un plateau. Ils savent déjà que leur journal fera la une sur l'affaire, alors ils s'appliquent. Avoir sa signature en première page mérite bien ça...

Le président Xavier Versini a suspendu l'audience jusqu'au lendemain. Les jurés, un peu ankylosés, ont bavardé quelques instants, puis se sont dissipés sans demander leur reste. Ils sont encore sous le choc du réquisitoire, mais ils sont ravis de finir avant la nuit.

Les accusés, eux aussi, ont évacué les lieux. Comme chaque soir, les gardes ont fait claquer les menottes sur leurs poignets avant de les entraîner dans le dédale des souterrains qui creusent le sous-sol du Palais.

Valérie Subra, abattue et les yeux gonflés, n'a eu aucun regard pour les siens.

Dure journée pour la reine...

31

RÉQUISITOIRE SANGLANT CONTRE VALÉRIE SUBRA, titre *Libération*. PERPÉTUITÉ REQUISE CONTRE LES DIABOLIQUES, renchérit *Le Figaro*. Même *Le Monde* emploie des accents populistes pour résumer l'audience de la veille : VIOLENTES RÉQUISITIONS POUR UNE « UNION DANS LA PEINE MAXIMUM ».

Aux informations télévisées, le procès a été détaillé de long en large. Une fois n'est pas coutume, la vedette est revenue à la chronique judiciaire. Les soubresauts du microcosme politique se sont contentés de la portion congrue.

Sur les radios, aussi, la plaidoirie de Me Szpiner et le coup de gueule de l'avocat général ont fait recette. Impossible d'échapper au matraquage médiatique. Le procès de Valérie Subra et de ses complices est descendu dans la rue.

Ce pilonnage a produit l'effet escompté. L'audience du vendredi 15 janvier 1988 se joue à guichets fermés. *La Buvette du Palais* est pleine à craquer, les couloirs regorgent de curieux prêts à payer pour obtenir une petite place. Mais si vaste soit-elle, la cour d'assises ne pourra jamais contenir cette masse d'avocats, de magistrats, de témoins et de vedettes du show-biz ou de la télé qui veulent la prendre d'assaut. Débordés, les gardes refoulent, interdisent, crient en pure perte : « Ne poussez pas ! »

Devant les portes, le public se bouscule entre les barrières de sécurité. Pressés par le reste de la troupe, les premiers rangs oscillent, gagnés par un mouvement de houle qu'ils ne peuvent maîtriser. Au coude à coude, le visage enfoui dans le dos du voisin, chacun tient bon, ne cédant pas d'un pouce. Il y a juste quelques cris quand la tête de la file, emportée par une irrésistible pression, s'aplatit contre le mur.

Cette ruée est inutile. Très peu auront la chance d'entrer. La cour d'assises contient pourtant plus de trois cent cinquante personnes. Mais, en la circonstance, ce chiffre pantagruélique n'est qu'une goutte d'eau dans la mer. Ce n'est pourtant pas faute de serrer les participants. Sur les bancs des familles et des témoins, la place est chère. Chacun est assis sur une fesse, les coudes bloqués dans les côtes du voisin. Les sacs à main sont coincés entre les jambes et les parapluies s'éparpillent sous les sièges.

Malgré les rigueurs de l'hiver, la chaleur est suffocante. Les joues sont rouges et les fronts suants. Dans l'espace réservé au public, la situation ne vaut pas mieux. Hommes et femmes sont plaqués les uns contre les autres. Ils se dandinent d'un pied sur l'autre pour profiter d'une trouée, apercevoir quelques bribes de ce procès dont tout le monde fait grand bruit.

Cette cohue n'apaise pas les tourments de Me Gambarelli. C'est un tout jeune avocat, affable et attentif aux malheurs d'autrui. Malade de peur, son seul réconfort est de savoir que la peine de mort, depuis un an, est abolie. Sa gentillesse naturelle et sa discrétion s'accommodent mal de ce climat de curée. C'est à lui d'ouvrir la séance (qui, pour une fois, débute à 9 h 45) et cet honneur renforce ses doutes sur sa valeur.

Me Gambarelli a été constitué « d'office » par

Jean-Rémy Sarraud, ce qui signifie qu'il n'a pas touché le moindre centime pour sa défense. Il a accepté cette tâche parce qu'il estime que « tout le monde a le droit d'être défendu », le pire comme le meilleur...

La voix hésitante, il entame sa plaidoirie sur le climat très spécial qui entoure ce procès :

– La souffrance et la tragédie ont rendez-vous dans cette cour depuis une semaine. Avec la souffrance, la tragédie a marché de plain-pied dans cette cour d'assises qui n'a jamais autant ressemblé à une arène : les accusés sont traqués, zoomés, leurs gestes sont décortiqués, véhiculés par l'image et le son. Jamais la solitude de la défense ne m'a paru si grande. Solitude face à un dossier, à des faits, à un accusé. On vous demande de juger des actes odieux, moi, je vais essayer de les comprendre.

La plaidoirie de Me Gambarelli est commencée depuis vingt minutes et l'avocat est moins nerveux. Les jurés, qui ont du mal à se réveiller, parviennent enfin à fixer leur attention. Ils ont cessé de détailler les visages célèbres, de tousser, de penser aux gosses qui dîneront seuls encore ce soir. Me Gambarelli poursuit :

– Jean-Rémy Sarraud a tout reconnu. Le commissaire Flaesch vous a dit qu'il s'était effondré. Sarraud, qui manie si mal le verbe, ne peut plus garder sur la conscience l'horreur de ses crimes. Il faut voir dans son attitude la manifestation d'une prise de conscience, d'un premier sentiment de remords. Cette façon d'avouer n'est pas la marque d'un monstre.

» Il n'y a qu'une chose que Sarraud refuse, c'est d'être l'animateur du trio, d'être celui qui a entraîné Hattab dans ces meurtres. Tout ce que Hattab a déclaré est contraire à toute vraisemblance juridique et psychologique !

Le ton est lancé. Loin d'être unis dans la défense des accusés, les avocats vont se tirer dans les pattes, sans sommation, chacun essayant de faire porter la responsabilité des meurtres à l'autre.

Le pari est hasardeux. Les jurés, indécis, risquent de mettre les trois accusés dans le même sac et de leur infliger la même condamnation. Mais Me Gambarelli, qui n'a rien à perdre et encore moins à gagner, joue sa carte sans regret. Il accable Hattab, écornifle Valérie Subra au passage et supplie les jurés, comme il se doit, d'accorder à son client une petite faveur.

La prochaine plaidoirie est celle de Me Jean-Louis Pelletier. Le président Versini, qui connaît bien l'avocat pour l'avoir maintes fois entendu, s'attend à une belle bagarre. Curieux de savoir comment il va répondre aux attaques de l'avocat général, le président n'en suspend pas moins l'audience pendant une heure. Les jurés vont déjeuner tôt...

32

– Maître Jean-Louis Pelletier, vous avez la parole.

L'avocat se lève. Dans un geste qui lui est familier, il enfonce les mains dans les poches de sa robe et lève les yeux vers le ciel, comme s'il cherchait l'inspiration. Me Pelletier ne se précipite pas. Il attend posément que les jurés, tous les jurés, le regardent avant de commencer.

– Monsieur le président, messieurs de la cour, mesdames et messieurs les jurés... J'ai l'HONNEUR d'être à la barre pour assurer la défense de Valérie Subra... Cette formule éculée, les jeunes avocats ne l'utilisent plus. Et pourtant, elle m'est revenue à la mémoire quand ma cliente a été attaquée, hier, de toutes parts.

Cette entrée en matière a été prononcée à voix basse, dans un registre qui tient plus du chuchotement que de la déclamation. Chaque fois qu'il entame une plaidoirie, Me Pelletier utilise ce ton. Ce truc lui permet de forcer l'écoute des jurés. Ils ont intérêt à tendre l'oreille s'ils veulent ne rien rater.

– Quand des victimes, estimables, ont un défenseur comme Me Francis Szpiner, quand la société a un représentant... *(Me Pelletier fixe l'avocat général ; sa voix s'enfle :)* ... aussi tonitruant, aussi féroce, aussi implacable, l'équilibre doit être respecté. C'est vrai que l'avocat de la défense plaide en dernier, et c'est juste !

» Votre devoir, mesdames et messieurs les jurés, est de défendre la société, mais aussi ceux que la société accuse. Ce ne sont pas des mots creux. C'est une mission. Vous n'avez pas à vous situer du côté des victimes, de ceux qui pleurent et qui sont en droit de pleurer, vous devez rendre la justice, rien que la justice, toute la justice !

» Hier, monsieur l'avocat général, vous avez abaissé le débat. Vous nous avez écrasés, humiliés. Et toi, Francis *(il s'adresse à Me Szpiner)*, ton excuse admirable, c'est la symbiose avec ces gens que tu défends, avec cette famille qui est de tes amis. Pour mieux écraser ma cliente, tu oublies que tu es avocat ! Tu utilises des ficelles énormes, tu nous enfermes dans le chagrin des parents. Tu oublies que tu as défendu cet empereur fantoche qui dévorait des enfants. Eux aussi avaient des parents, y as-tu seulement pensé ?

Me Pelletier est en colère, et comme il a la rage explosive, il se fait un plaisir de rappeler que son confrère a été l'avocat du célèbre empereur Bokassa, accusé de cannibalisme... Me Francis Szpiner se passerait bien de cette évocation. Comme il est teigneux, il se lève, agacé, et lance à l'adresse du président :

– Je voudrais que Me Pelletier arrête de me prendre à partie !

Le président qui s'amuse – enfin, un peu de sport ! – répond, laconique :

– Vous pourrez répliquer après la plaidoirie...

Me Szpiner, qui n'en a nulle envie, décline l'offre, mais insiste :

– Que Me Pelletier cesse ses commentaires !

L'incident est clos. Il n'a pas servi à grand-chose, mais a permis à Me Pelletier de mettre les points sur les *i*. Il regarde en silence le président qui, d'un geste, lui indique qu'il peut continuer. Abandonnant le sourire ironique qui n'a pas quitté ses lèvres pendant l'affrontement, l'avocat poursuit :

– Mesdames et messieurs les jurés, vous allez faire l'effort de sortir cette gamine de la fosse où elle a été enterrée. Vous allez redistribuer les responsabilités. C'est vrai que les faits sont atroces, mais Valérie Subra n'a rien décidé. Elle a seulement désigné. Mais qu'importe sa responsabilité réelle, ON LA VEUT ! Cette gosse est devenue le seul enjeu du procès. Si tout le monde tape sur elle, c'est parce que les autres, on les tient ! C'est elle qui paie. ON LA VEUT ! Voyez la curée scandaleuse des photographes, cette ambiance de lynchage. A sept mois près, Subra comparaissait devant la cour d'assises des mineurs. Il n'y aurait pas eu ces photos, cette cohorte aveugle qui la traque jusqu'ici pour la vendre.

» C'est toujours par la femme que le scandale arrive. Valérie Subra, c'est le péché originel, la sorcière, le monstre. C'est Eve et le serpent, la tentatrice. Alors on s'acharne sur cette gamine. Le peuple vient brûler la sorcière et exorciser les démons. Le peuple est friand de la moue boudeuse de Valérie ! Ah, on est loin, aujourd'hui, de cette moue boudeuse !

Me Pelletier a lâché ses chevaux. Dans un climat de tempête, il bouscule les jurés, casse les reins aux accusateurs, éreinte la presse. Il martèle ses phrases, crache les mots avec une violence inouïe. Le ton serpente, grimpe dans les moments forts, descend en piqué dans les transitions ou s'aplatit, presque intime, quand le besoin s'en fait sentir. Mais l'avocat n'est pas dupe. Que vaut l'éloquence quand elle n'est pas soutenue par une démonstration solide ? Alors, il s'appesantit sur l'attraction qu'exerçait Laurent Hattab sur la petite minette, sur la peur qu'éprouvait Valérie de lui désobéir. Il se tourne vers le box, regarde Hattab droit dans les yeux :

– La mère de Valérie vous avait confié sa fille.

Vous aviez promis de veiller sur elle. Qu'est devenue cette gosse ? Avec l'ascendant que vous exerciez sur Valérie, vous pouviez la préserver, la tenir à l'écart de tout. N'importe quelle minette qui ne distingue pas le bien du mal aurait fait l'affaire. Ce n'est pas Valérie qui a eu l'idée de ces agressions, c'est vous ! Si vous ne l'aviez pas influencée pour qu'elle désigne des victimes, elle ne serait pas là aujourd'hui. Ce gâchis est votre œuvre, Hattab. Si j'étais à votre place, je ne serais pas fier !

» Mesdames et messieurs les jurés, ne croyez pas que M. l'avocat général ne connaît pas les limites de la responsabilité de Valérie Subra. S'il cède à l'outrance, au risque de dépasser le cadre de sa mission, c'est parce qu'il veut sa peau. Comme tous les autres. Valérie, ON LA VEUT ! ON LA VEUT quand même, ON LA VEUT encore et toujours ! Et surtout, ne me demandez pas pourquoi elle n'a pas résisté à Hattab, accusez plutôt la société qui sécrète des gosses pareils !

Me Jean-Louis Pelletier s'est attardé un long moment sur la place de Valérie Subra dans le trio. Il s'interroge ensuite sur son enfance, sur ce père qui lui a tant manqué. Au passage, il en profite pour tailler en pièces le travail des experts psychiatres :

– Cette gamine n'a rencontré son père qu'à l'âge de quinze ans et le pire de tout, le plus scandaleux, c'est que les experts n'ont pas cherché à en savoir plus. La carence paternelle, pour eux, ça n'existe pas ! Tout est normal ! Mais les cadeaux et l'argent, est-ce que ça remplace un père ? Quelle image a eue Valérie de l'homme ?

» Mais non, pour les psychiatres, tout est NORMAL, aussi normal que ces boîtes de nuit où des vieux beaux draguent des enfants mineurs ! Mesdames et messieurs les jurés, je vous le demande, vous trouvez NORMAL que des lycéennes de seize ans soient livrées à des hommes qui pourraient être leur père ? Que diriez-vous si le hasard jetait votre fille en pâture à ce genre d'individus ? Que c'est NORMAL ?

Et après ça, M. l'avocat général vient affirmer que Valérie Subra est amorale ! La société, avant de s'indigner, ferait bien de balayer devant sa porte !

Me Pelletier se bat pour impliquer les jurés. Il tente par tous les moyens de leur suggérer qu'ils pourraient être les parents de Valérie. Pour rendre cette hypothèse plus crédible, il n'hésite pas à parler de sa propre expérience. De sa fille, Stéphanie, qui a le même âge que sa cliente. Elle aussi, comme toutes les jeunes filles, a des copines et aime s'amuser. Et Me Pelletier, qui ne recule devant rien, prie le ciel pour que Stéphanie ne rencontre jamais un M. Paul ou un Hattab. L'avocat avoue qu'il a bien de la chance d'être nanti d'une brave petite, mais si demain, d'aventure... Oui, que ferait-il ? Serait-il aussi impitoyable que M. Guilloux ?

– Et vous, mesdames et messieurs les jurés, si votre enfant avait été précipitée dans la jungle de la nuit, si elle avait été traitée comme une marchandise, tenue en haleine par de fausses promesses... Si l'amour lui avait fait perdre la tête et l'avait entraînée dans l'horreur, vous penseriez encore que tout est sa faute ? Et si, aujourd'hui, votre gosse était à la place de Valérie, dans le box de la cour d'assises, lui refuseriez-vous toute circonstance atténuante ?

Les jurés sont touchés. Cette hypothèse les désarçonne. Alors qu'ils faisaient, depuis la veille, des têtes de prison, leurs traits se sont détendus. Ce n'est pas qu'ils excusent Valérie, mais ils la considèrent différemment. Après tout, Me Pelletier a raison : penseraient-ils de la même manière si c'était leur fille qui se retrouvait devant les juges ?

Me Pelletier, qui n'est pas dupe de leur gêne, avance son dernier atout : Valérie en avait assez du sang et des larmes. Elle avait pris conscience de l'atrocité des crimes, du rôle ignoble que lui réservaient ses complices. Elle voulait échapper à Hattab, fuir loin de ce cauchemar. Elle voulait tout simplement rejoindre son père et oublier :

– Je ne vous demande pas de me croire sur parole, mais il existe une preuve irréfutable... Cette preuve, c'est ce billet d'avion que les policiers ont retrouvé sur la table de nuit de Valérie. Le 22 décembre, elle partait pour Marseille. Valérie voulait se réfugier dans les bras de son père, peut-être tout lui expliquer. Alors, tout aurait été terminé. Vous entendez ? Le 22 décembre, tout était terminé !

» Alors maintenant, la question est posée : qu'allez-vous faire ? Aujourd'hui, Valérie n'est plus au service de personne. Elle est revenue de l'enfer. D'un côté, il y a ceux qui la veulent à tout prix et qui trouvent que tout est NORMAL, et de l'autre, il y a les justes.

» Ne précipitez pas cette gosse dans un trou sans fond. Je ne viens pas vous demander de lui faire des cadeaux. Vingt ans de prison, ce n'est pas lui accorder une faveur. Mais parce qu'elle n'a pas de sang sur les mains, parce qu'elle n'a rien voulu, qu'elle a juste désigné, elle a droit aux circonstances atténuantes. Et si vous hésitez encore, savez-vous pourquoi vous allez les lui accorder ? *(La voix de l'avocat devient terrible.)* Valérie Subra est peut-être une cocotte, elle est peut-être une pute, mais elle n'est pas un assassin !

Me Jean-Louis Pelletier s'est battu comme un lion pendant deux heures. Sa chemise est trempée et de grosses gouttes de sueur glissent sur son front. Il a plaidé sur le fil du rasoir, conscient qu'à tout moment, pour un mot de trop, un éclat déplacé, tout pouvait basculer. Sans négliger l'argumentation, il a privilégié à dessein l'émotion. D'une voix émue, épicée d'un bel accent méditerranéen, il s'est adressé au cœur bien plus qu'à la raison.

Beaucoup d'avocats s'essaient à cet exercice périlleux. Mais n'est pas Raimu qui veut... Faire vibrer la corde sensible est un art où le sublime côtoie le ridicule. Quand un avocat maîtrise mal ses effets de manche, quand il se contorsionne, des trémolos dans la voix, il devient comique, pour ne pas dire grotesque. Le public pleure, mais de rire, ce qui n'est pas vraiment le résultat escompté...

En la matière, tout est une question de ton. Me Jean-Louis Pelletier a rugi, hurlé, tempêté sans jamais tomber dans la caricature. Il y a eu des moments intenses, d'autres plus plats, mais, à l'évidence, il revient de loin...

Rien ne prouve que les jurés accorderont les circonstances atténuantes à Valérie Subra et la condamneront à vingt ans de réclusion. Mais à ce moment des débats, le sort de Valérie leur pose un problème de conscience. Me Jean-Louis Pelletier a regagné un large terrain.

Un quart d'heure plus tard, Me Paul Lombard se jette à son tour dans la bagarre. L'avocat fait partie des plus grands, il a écumé les cours d'assises de France et de Navarre, et pourtant, il ne parvient toujours pas à maîtriser un trac épouvantable.

Comme à son habitude, avant d'intervenir pour Laurent Hattab, il a sillonné d'un pas vif les couloirs : cinquante mètres dans la longueur, arrêt brutal et retour au point de départ. Les yeux rivés sur les dalles, les lèvres agitées d'incantations secrètes, comme s'il récitait son texte ou marmonnait une ultime prière.

Ce footing terminé, Me Lombard a repris sa place dans la cour d'assises, tendu, mais la crinière impeccable.

Les journalistes, qui le connaissent bien, attendent qu'il leur fournisse une formule choc. Celle qui assure à l'avocat d'être cité par la presse et qu'il prépare à son intention avant chaque procès...

Me Paul Lombard ne fait pas attendre longtemps les nobles représentants des médias :

– Dans ce procès, nous sommes confrontés à la rencontre d'un immature, d'un psychopathe et d'une ingénue perverse... (Les stylos s'activent frénétiquement.) Il n'y a pas de meneur de jeu, il y a un consensus : celui-là (il désigne Hattab) éblouit les deux autres par son argent, celui-là (il montre Sarraud) par son passé de voyou et celle-là par son charme pimenté d'un zeste de perversité.

» Ce trio a une dynamique intérieure : sans Valérie, pas de meurtre, sans Sarraud, pas de meurtre, sans Hattab, pas de meurtre... Cet ensemble m'inspire, avant tout autre sentiment, une immense pitié. Ce sont des gamins, les produits de notre société. Et c'est pourquoi ce procès ressemble parfois au film *Orange mécanique*. C'est pourquoi ce galimatias de l'horrible est si actuel et si choquant...

Me Paul Lombard, après Jean-Louis Pelletier, resitue l'affaire dans le contexte de l'époque. Accuser la société de donner le mauvais exemple et d'influencer les esprits faibles, c'est amoindrir la responsabilité des accusés. Me Lombard s'attaque sans vergogne à la « permissivité », cette « tare sociale » :

– Comment voulez-vous juger Laurent Hattab si vous ne constatez pas que, parce que tout est permis, des adultes opèrent une véritable razzia sur la jeunesse ? Comment juger, si vous ne considérez pas l'effondrement des valeurs morales, la banalisation de la violence et de la mort ?

» Au cours du week-end dernier, j'ai regardé la télévision. En quarante-huit heures, cent vingt meurtres ont été vomis par le petit écran. Et pas des meurtres abstraits. Des meurtres sanglants, où les têtes éclatent et les corps explosent. Des meurtres commis avec des armes monstrueuses qui semblent sorties d'un catalogue de l'horreur. Quel impact, croyez-vous, provoquent de telles scènes sur certains jeunes ? C'est cela, la permissivité ?

A force de tanner le cuir à la société, la cause est entendue. Comme tout le monde, les jurés sont d'accord avec Me Lombard. Mais cette mise au pilori de la violence sociale est l'arbre qui cache la forêt. Elle est regrettable, condamnable, mais une fois ce fait acquis, elle ne change rien à la monstruosité des crimes commis par le trio.

Pour être réellement efficace et convaincant, Me Paul Lombard doit rentrer de plain-pied dans l'affaire. Dans une plaidoirie, les généralités n'ont qu'un temps.

– Mesdames et messieurs les jurés, êtes-vous des enfants de chœur ? Des inconditionnels de la religion des aveux ? Après vingt et une heures de garde à vue, Laurent Hattab a craqué. Sans parler de tortures policières, peut-être que certains l'ont un peu poussé... Les inspecteurs lui ont fait « avouer » ce qu'ils avaient envie d'entendre, ce qu'ils savaient déjà... Les aveux de Hattab, c'est une évidence, ne sont pas des diamants à l'état pur. Je pense même qu'ils ont été dictés. L'histoire de la justice regorge de ces faux aveux. Les pires erreurs judiciaires ont été commises en leur nom.

Pour prouver que les aveux de Hattab ne collent pas avec la réalité, Me Lombard est obligé de repartir de zéro. Il reconstitue le meurtre de Laurent Zarade, indique dans quel état les policiers ont découvert le cadavre :

– La victime est vêtue d'un polo Lacoste blanc que perforent cinq coups de couteau. Le visage de l'homme est en sang. Il a une plaie à la joue et au lobe de l'oreille, deux blessures au cou.

Me Lombard insiste sur l'importance des dégâts, sur l'hémorragie terrible provoquée par le coupe-papier. En faisant patauger sa plaidoirie dans le sang, l'avocat poursuit un but précis. Le soir du crime, Laurent Hattab était habillé d'un chandail blanc. Lors des perquisitions, ce pull a été retrouvé par la police. Il ne portait aucune trace de sang...

Comme le soutient Me Lombard, si Hattab avait tué lui-même la victime, il aurait été éclaboussé et la police aurait alors eu une preuve formelle de culpabilité.

Le raisonnement est habile, la démonstration imparable. L'ennui, c'est qu'elle demande une précision diabolique dans la chronologie des faits, dans l'inventaire des blessures. Elle oblige aussi l'avocat à en rajouter dans le registre de l'horreur : plus le sang est rouge, et plus le chandail est blanc.

Le talent de Me Paul Lombard est certain. Il est même tellement évident qu'au bout d'une demi-heure la cour d'assises baigne dans l'hémoglobine. L'émotion n'est plus de mise. Le drame remonte à la surface, s'élargit comme une tache d'huile, imprègne l'assistance. Le jury voit la lame du coupe-papier s'enfoncer dans la chair de Laurent Zarade, le sang gicler. Il entend les cris et les supplications de la victime. L'insoutenable a de nouveau droit de cité.

Balayées, la carence paternelle de Valérie, les liaisons dangereuses de M. Paul. Oubliés, l'enfance désastreuse de Sarraud, le vilain exemple donné par la société à Hattab. Après cette évocation aussi sinistre que réussie, Valérie est redevenue une garce, Sarraud, un boucher, et Hattab, un petit salopard.

Alors qu'importe, comme c'est sans doute le cas, que Me Paul Lombard, avec maestria, ait réussi à convaincre. Laurent Hattab n'a pas porté les coups fatals, et alors ? Qu'est-ce que ça change ? C'est lui, le grand organisateur des festivités...

Jean Cau, dans son article dans *Paris-Match*, écrira que Me Lombard s'est, « comme une teigne, accroché au dossier pour décharger son client », et de conclure : « C'était de la radiographie, du laser, de l'ordinateur, c'était moderne. »

Ce que l'éminent journaliste, dans son enthousiasme stylistique, n'a pas senti, c'est le raz de marée qu'a suscité le talent de l'avocat. Comme quoi, il ne suffit pas d'être un écrivain d'élite et d'assister à un procès d'assises pour comprendre toutes les subtilités de la mécanique judiciaire...

Le pire, dans l'histoire, c'est que Me Paul Lombard n'avait pas le choix. Pour prouver que Hattab n'avait pas tué, il devait décortiquer la mort de Laurent Zarade comme un médecin légiste. Ses précisions grand-guignolesques n'étaient pas déplacées. Elles faisaient partie d'un choix tactique.

Certains diront qu'il aurait dû plaider avant Me Pelletier, laisser à l'émotion le soin de refermer la porte en dernier... Qu'importe, l'histoire ne repasse pas les plats...

SEPTIÈME PARTIE

LE VERDICT

Comme le veut l'usage, à la fin de tout procès d'assises, le président Xavier Versini donne la parole aux trois accusés :

– Avez-vous quelque chose à ajouter pour votre défense ?

Laurent Hattab se lève, empoigne le micro et, d'une voix ferme, déclare :

– Après ce qu'a dit mon avocat, je n'ai pas grand-chose à ajouter. Je ne veux pas chercher à me défendre, je veux juste m'adresser à la mère de Valérie qui m'a confié sa fille. Peu importe les conditions qui m'ont amené dans cette histoire, toute la responsabilité de Valérie me revient... Même si mes regrets, dira-t-on, sont de circonstance, je tiens à les exprimer, même si c'est difficile de les prononcer en face.

Jean-Rémy Sarraud se lève à son tour :

– Après ce que Me Lombard a dit sur la mort de Laurent Zarade, je tiens à affirmer que j'ai dit la vérité. Je fais confiance à la justice.

Valérie est debout, mais les mots lui restent dans la gorge, hachés par les sanglots. En pleurs, la tête basse, elle crie :

– Pardon, pardon, pardon !

Le président s'adresse à présent aux jurés :

– Je vais maintenant vous donner lecture des dispositions suivantes :

» La loi ne demande pas compte aux juges des moyens par lesquels ils se sont convaincus, elle ne leur prescrit pas de règles desquelles ils doivent faire particulièrement dépendre la plénitude et la suffisance d'une preuve ; elle leur prescrit de s'interroger eux-mêmes, dans le silence et le recueillement, et de chercher, dans la sincérité de leur conscience, quelle impression ont faite sur leur raison les preuves rapportées contre l'accusé et les moyens de sa défense. La loi ne fait aux juges que cette seule question qui renferme toute la mesure de leurs devoirs : "Avez-vous une intime conviction ?"

Le président Versini marque une pause et, sur un ton solennel, poursuit :

– Je demande que le dossier soit remis entre les mains de Mme le greffier. La cour et le jury vont se rendre en chambre du conseil pour y délibérer. Nul ne pourra y pénétrer avant que la décision ne soit rendue. Gardes, emmenez les accusés, la séance est suspendue !

Les jurés ramassent leurs calepins et leurs parapluies, et, en procession, emboîtent le pas aux magistrats. Les lourdes portes de chêne de la salle du conseil se referment comme un caveau.

Suivant les procès, la durée des délibérés est à géométrie variable. Elle peut s'allonger comme un jour de pluie ou se réduire comme une peau de chagrin. Certaines décisions sont rendues après une heure de discussion, voire moins.

Dans le nord de la France, un jury a condamné un assassin à la peine de mort après vingt minutes de délibérés... A l'inverse, en 1981, lors du procès de Marcel Barbeault, le tueur de l'Oise [1], le jury s'est retiré de la salle d'audience à 21 heures. Il a rendu son verdict à 5 heures du matin.

1. *Un tueur dans l'ombre*, Alain Hamon, Ed. J'ai lu, n° 7067.

Que dire de ces jugements rendus le cerveau ivre de fatigue, l'estomac à peine apaisé par le sandwich de rigueur ? Qu'ils ressemblent à l'éponge jetée pour apaiser les tourments du boxeur. Ils ne sont que le pâle reflet d'une justice digne de ce nom.

Lentement, le public quitte la salle d'audience et envahit les couloirs. Les avocats et les journalistes, les familles des victimes et celles des accusés se replient vers *La Buvette*. Il n'y a plus rien à dire ou à faire. Il n'y a plus qu'à bavarder pour occuper le temps.

Et le temps s'écoule. D'abord dans une ambiance détendue qui contraste avec la tension du procès. Chacun a rempli son rôle. Nul ne peut interférer sur le résultat. Cette certitude entraîne une sorte de relâchement fataliste. Les familles des deux bords, enfermées dans leur chagrin, se tolèrent sans se voir. Les opposants oublient leur adversité.

Me Francis Szpiner, qui a fait son deuil de la rivalité qui l'opposait à Me Jean-Louis Pelletier, complimente son aîné. Sa plaidoirie était des plus convaincantes. La preuve : elle l'a touché, pour ne pas dire ému. Valérie aura les circonstances atténuantes, c'est une évidence ! Et quand il dit évidence, c'est pour ne pas dire fatalité !

Me Szpiner passe la brosse à reluire et le plus étonnant, c'est qu'il est sincère. En réalité, le problème n'est pas ce qu'il pense, mais ce qu'il souhaite. Et il espère de tout cœur que Pelletier va se planter. Cet espoir légitime ne l'empêche pas de reconnaître les qualités de son confrère. Mais la guerre est la guerre. Il y a forcément un vainqueur et un vaincu. Alors, autant que ce soit l'autre...

Me Pelletier n'est pas en reste. Il affirme que Francis Szpiner a été excellent. Mieux, un adversaire redoutable. Comme l'homme est rancunier, il glisse quand même quelques réserves. Il y a des arguments qu'un avocat ne devrait pas employer mais, bon, dans le feu de l'action, l'éloquence dépasse parfois la pensée...

Donc, les avocats, réconciliés, se congratulent. Me Lombard, rusé comme un renard, est attablé avec Jean Cau. Les deux hommes se découvrent beaucoup de points communs. Beaucoup d'amis, aussi. Cette communion dans les goûts et les relations provoque des éclats de rire.

Me Pelletier préfère la compagnie de Jean-Pierre Berthet, le chroniqueur judiciaire de TF1, ou d'Alphonse Boudard. Il y a aussi Michel Creton, le comédien, qui est venu soutenir son avocat dans la cruelle épreuve et, peut-être aussi, s'inspirer de l'ambiance pour un futur rôle.

Les témoins et autres participants de l'affaire lorgnent avec intérêt les tables avoisinantes. Eux aussi sont désœuvrés, alors autant satisfaire une curiosité bien naturelle...

A cette phase d'insouciance relative succède de nouveau l'angoisse du résultat. Et si le verdict « tombait » alors que chacun est attablé devant sa boisson fraîche ?

Cet émoi provoque un premier départ. Les plus anxieux expédient en vitesse leur consommation et s'ébranlent vers la cour d'assises. Les professionnels regardent leur montre, discutent sur l'horaire, le temps écoulé, le délai pressenti. Ils se rassurent mutuellement : « Non, c'est trop tôt ! Versini a l'habitude de prendre son temps. » Mais n'empêche, le stress est là, au creux des estomacs qui se nouent, dans les gorges qui en oublient de rire.

Quelques minutes encore, et puis l'une des robes noires décide de se lever et tout le groupe suit.

Fausse alerte. Des silhouettes se dessinent aux abords de la cour d'assises. Celles des journalistes et aussi celles des curieux. Cette présence prouve que la sonnerie redoutable n'a pas retenti. Le délibéré n'est pas terminé.

Encore quelques échanges bienveillants ou acides, et les avocats retournent dans la grande salle.

En l'absence de la cour et du jury, l'enceinte de justice ressemble à une cour de récréation. Devant le box vide, les avocats lisent leur journal ou vont et viennent, les mains dans les poches. Certains ont quitté la robe et déambulent en civil au milieu des travées. Un petit mot pour rassurer les familles qui s'inquiètent, un bon mot pour la presse qui en est friande, un début de discussion avec l'avocat général.

Les journalistes, assis sur leur pupitre, bavardent sans façon. Ils se rappellent les bons souvenirs, les bons coups, les bons scoops. Au passage, ils éreintent Me Un tel qui a plaidé dans une récente affaire et qui s'est planté en beauté...

Mais cette décontraction ambiante n'est que la partie apparente de l'iceberg. Derrière les mots d'esprit se cache une impatience nerveuse qui s'exacerbe avec le temps qui passe.

Le jury délibère depuis deux heures. L'attente devient palpable. Elle accapare tous les esprits, met les nerfs à vif. Les avocats parient sur les chances de leurs clients, répètent des expressions usées jusqu'à la corde : « Si ça dure encore longtemps, c'est que ça ne doit pas se faire sur un pouce... » ou : « Ça doit tirailler. »

Derrière les fauteuils vides des jurés et de la cour, une porte s'ouvre. La greffière entre dans la salle, le chignon un peu avachi mais le rouge à lèvres incendiaire. Est-ce un signe ? Vient-elle reprendre sa place avant que ne sonnent les trois coups ? Les journalistes, eux aussi, s'interrogent. Certains se précipitent pour prévenir leurs collègues qui sont restés dans l'escalier. Ce mouvement de reflux provoque une réaction en chaîne. Tous les participants s'élancent vers leurs sièges. Chacun se fige... En vain. Ce n'est pas encore pour tout de suite.

De nouveau, l'attente s'inscrit en lettres gothiques sur la belle horloge plaquée sur la tapisserie. Pour oublier ce délibéré qui s'éternise, quelques membres de la presse judiciaire s'oublient dans la contemplation de la fresque qui leur fait face. Une œuvre de cent mètres carrés au minimum qui figure le sacre d'un bébé roi, resplendissant dans son pourpoint de velours et son hermine.

L'artiste, un dénommé Pelletier, n'a pas lésiné sur l'entourage. Une soixantaine de personnages, plus ou moins réussis, plus ou moins expressifs, veillent sur le royal marmot : des gardes en armure, des hommes d'Eglise style cardinal de Richelieu, des grands d'Espagne.

Tous ces gens, comme les journalistes, ont l'air de s'ennuyer terriblement. L'un bâille, l'autre s'endort. Il n'y a que les chiens, immortalisés sur la toile, pour s'intéresser au noble couronnement.

Mais cette contemplation n'a qu'un temps. L'œuvre a un intérêt artistique des plus relatifs...

Deux heures trente de cogitations, et toujours rien. Les avocats sont allés voir leurs clients, cloîtrés dans une dépendance. Ça va, les gardes leur ont apporté des rafraîchissements, ils tiennent le coup.

Pour tuer le temps, les ténors égrènent le chapelet de leurs anecdotes. Des souvenirs de guerre, en quelque sorte. Des verdicts « au goût de cendre » vécus sur fond de perpétuité ou de peine de mort, des acquittements glorieux enlevés à l'arraché. Les chroniqueurs judiciaires se régalent. Les anciens combattants de la presse adorent ces histoires maintes fois racontées, maintes fois enjolivées. Elles sont le sucre d'orge des délibérés.

Et soudain, la sonnerie éclate, stridente, vrillante. Une sonnerie de réveille-matin en plein sommeil. Un tintamarre décapant qui saigne à blanc les gestes et les paroles.

La sonnerie insiste et se répercute jusque dans la

salle des pas perdus, à l'autre bout du Palais. Pour tous, c'est la minute de vérité.

Le public et les témoins ont été refoulés de la cour d'assises. Seuls les parents des meurtriers ont l'autorisation de rester debout au fond de la salle.

Les parents de Valérie Subra entrent les premiers. La mère de Valérie s'appuie contre le mur, demeure quelques instants immobile, puis ressort. Elle est incapable de supporter les affres du verdict. Elle reviendra pourtant quelques instants plus tard. Etre isolée à l'extérieur et ne pas entendre la décision, c'est encore plus dur que d'affronter la réalité en face.

Mme Hattab est au premier rang, décolorée par la souffrance, le visage diaphane. Son mari la soutient, géant empêtré dans une douleur qui le rend exsangue.

Tous les figurants sont en place, raidis par le trac, comme au garde-à-vous. D'une voix mâle, l'huissier hurle :

– La cour !

Les jurés cherchent leur place, s'asseyent sans bruit. La fatigue creuse leurs traits et leurs yeux sont baissés. Les magistrats, rompus à l'exercice des délibérés, ont des mines encore fraîches.

– L'audience est reprise. Gardes, faites entrer les accusés.

Valérie Subra, Laurent Hattab et Jean-Rémy Sarraud pénètrent dans le box. Ils se tiennent immobiles, prêts à entendre l'énoncé du verdict.

La peur les paralyse. Une peur animale qui leur tord le ventre, instinctive, insurmontable. Ils examinent les jurés, observent leurs expressions, essaient de deviner. Ils dévorent du regard ces hommes et ces femmes qui savent et qui ne laissent rien paraître, farouchement murés dans leur secret.

La voix du président résonne enfin :

– A la première question : « Les accusés sont-ils

coupables d'avoir donné la mort à Gérard Lelaidier ? », la réponse est : « Oui », à la majorité de huit voix au moins.

» A la question : "Les accusés sont-ils coupables d'avoir donné la mort à Laurent Zarade ?", la réponse est : "Oui", à la majorité de huit voix au moins.

Hattab baisse la tête. Il accuse le coup.

– A la question : « Les accusés méritent-ils les circonstances atténuantes ? », la réponse est : « Non » à la majorité de huit voix au moins...

Effondrement général. Mouvement de surprise de Valérie Subra qui recommence à pleurer.

– En conséquence de quoi, la cour et le jury réunis condamnent :

» Laurent Hattab à la réclusion criminelle à perpétuité, assortie d'une peine de sûreté incompressible de dix-huit ans.

» Jean-Rémy Sarraud à la réclusion criminelle à perpétuité, assortie d'une peine de sûreté incompressible de dix-huit ans.

» Valérie Subra à la réclusion criminelle à perpétuité, assortie d'une peine de sûreté incompressible de seize ans.

» L'audience est suspendue.

Au fond de la salle, la mère de Laurent Hattab pousse un cri terrible. Elle s'effondre dans les bras de son mari, est évacuée sur une civière par les gardes.

Les parents de Valérie, hagards, quittent la cour d'assises comme des somnambules.

Les journalistes ont filé comme des flèches pour téléphoner le verdict à leur journal. Les jurés ont aussitôt plié bagage. Ils se sont éloignés en rasant les murs, sans demander leur reste. La cour s'est retirée. Elle reviendra dans quelques minutes pour l'audience civile.

Les accusés sont encore dans le box. Ils écoutent leurs avocats qui les consolent, les bercent d'hypothétiques espoirs : ils ne doivent pas désespérer, il faut attendre le pourvoi en cassation, si le procès est cassé, ils seront rejugés...

N'empêche, les condamnés ont du mal à encaisser. Même s'ils sont trop choqués pour réaliser, l'addition est lourde à digérer. Hattab a les yeux dans le vide, Sarraud est prostré, Valérie écoute religieusement Me Jean-Louis Pelletier. Elle hoche la tête comme une petite fille qui vient de prendre une correction et qui a du mal à réprimer ses sanglots.

Par petits groupes, les acteurs du procès vident la salle et s'éloignent. A quelques mètres du box, un avocat éclate de rire. Il drague une jolie stagiaire et s'en donne à cœur joie. Valérie l'assassine du regard, se penche vers Me Pelletier et chuchote, féroce :

– Ça le fait rire, ce con, que l'on ait pris perpète ?

J'AI LU FETE LES 100 ANS DU CINEMA

Abyss
CARD Orson Scott 2657/4
L'accompagnatrice
BERBEROVA Nina 3362/4
Adieu ma concubine
LEE Lilian 3633/4
Alice au pays
des merveilles
CARROLL Lewis 3486/2
Alien
FOSTER Alan Dean 1115/3
AlienS
FOSTER Alan Dean 2105/4
Alien 3
FOSTER Alan Dean 3294/4
L'ami Maupassant
de MAUPASSANT Guy 2047/2
Les amies de ma femme
ADLER Philippe 2439/3
Les amitiés particulières
PEYREFITTE Roger 17/4
WING Avra 3829/3
L'année de l'éveil
JULIET Charles 2866/3
L'autre
CHEDID Andrée 2730/3
Backdraft
MITCHELL Kirk 2996/4
Beignets de tomates vertes
FLAGG Fannie 3315/7
Bel-Ami
de MAUPASSANT Guy 3366/3
La belle Romaine
MORAVIA Alberto 1712/5
Beverly Hills
GILDEN Mel 3637/4, 3638/4
3716/4, 3860/4 & 3861/4
SMITH K.T. 3717/4
Blade Runner
DICK Philip K. 1768/3
Bleu comme l'enfer
DJIAN Philippe 1971/4
Body
ARNSTON Harrison 3479/5
Bonjour la galère !
ADLER Philippe 1868/1
La brute
des CARS Guy 47/3
Carrie
KING Stephen 835/3 (Mars)

Charlemagne
ou la jeunesse du monde
JULLIAN Marcel 3854/3 (Fév.)
Charlie
KING Stephen 2089/5
La Chartreuse de Parme
STENDHAL 2755/5
Le Château des Oliviers
HÉBRARD Frédérique
3677/7
Chiens perdus sans collier
CESBRON Gilbert 6/2
Christine
KING Stephen 1866/4
La Ciociara
MORAVIA Alberto 1656/4
Le club de la chance
TAN Amy 3589/4
Conan le barbare
HOWARD Robert E. 1449/3
(avec Sprague de Camp)
Conan le destructeur
HOWARD Robert E. 1689/2
(avec R.Jordan)
Le crime de Mathilde
des CARS Guy 2375/4
Croc-Blanc
LONDON Jack 2887/3
Cujo
KING Stephen 1590/4
Cyrano de Bergerac
ROSTAND Edmond 3137/3
Dans la ligne de mire
COLLINS Max Alban 3626/5
Danse avec les loups
BLAKE Michael 2958/4
Délivrance
DICKEYJames 531/3
La demoiselle d'Avignon
HEBRARD Frédérique 2620/4
Demolition Man
OSBORNE Richard 3628/4
Le dernier des Mohicans
COOPER Fenimore J. 2990/5
2001-l'odyssée de l'espace
CLARKE Arthur C. 349/2
Le diable au corps
RADIGUET Raymond 2969/1
Entre Ciel et Terre
SINGER Michaël 3630/4
L'Espagnol
CLAVEL Bernard 309/4

Etat second
YGLESIAS Rafael 3629/6
L'été en pente douce
PELOT Pierre 3249/3
Faut pas flipper
JAMES Dean 3882/4 (Mars 95)
Etat second
YGLESIAS Rafael 3629/6
Des fleurs pour Algernon
KEYES Daniel 427/3
Forrest Gump
Winston Groom 3816/4
Le Fugitif
DILLARD J.-M. 3585/4
Frankenstein
SHELLEY Mary 3567/3
Germinal
ZOLA Emile 901/3
Geronimo
CONLEY Robert J. 3714/3
Le grand chemin
HUBERT Jean-Loup 3425/3
L'homme sans visage
HOLLAND Isabelle 3518/3
Hook
BROOKS Terry 3298/4
Horizons lointains
MASSIE Sonja 3356/6
L'impure
des CARS Guy 173/4
Isaura
GUIMARAES Bernardo 2200/2
J'étais empereur de Chine
PU-YI 2327/6
Le jardin secret
BURNETT F. H.3655/4
JF partagerait appartement
LUTZ John 3335/4
JFK
GARRISON Jim 3267/5 Inédit
Jonathan Livingston
le goéland
BACH Richard 1562/1 Illustré
Le Journal
GRAM Dewey 3822/5
Joy
LAUREY Joy 1467/2
Joy (Le retour de)
LAUREY Joy 3388/3
Junior
FLEISCHER Leonore 3876/3

3999

Photocomposition Assistance 44-Bouguenais
Achevé d'imprimer en Europe (France)
par Brodard et Taupin à La Flèche (Sarthe)
le 17 mars 1995. 1945 L-5
Dépôt légal mars 1995. ISBN 2-277-23999-2
Éditions J'ai lu
27, rue Cassette, 75006 Paris
Diffusion France et étranger : Flammarion